一朵盛開的曇花

趙 文 藝 著

文 學 叢 刊 78

文史哲出版社印行

國家圖書館出版品預行編目資料

一朵盛開的曇花 / 趙文藝著. --. 初版. -- 臺北市：文史哲，民87
面：公分. --（文學叢刊；78）
ISBN 957-549-161-0(平裝)

855　　87011371

文學叢刊 ⑱

一朵盛開的曇花

著者：趙文藝
出版者：文史哲出版社
登記證字號：行政院新聞局版臺業字五三三七號
發行人：彭正雄
發行所：文史哲出版社
印刷者：文史哲出版社
臺北市羅斯福路一段七十二巷四號
郵政劃撥帳號：一六一八〇一七五
電話 886-2-23511028．傳眞 886-2-23965656
實價新臺幣三〇〇元
中華民國八十七年十一月初版

ISBN 957-549-161-0

遺懷（代序）

趙文藝

從事立法工作四十餘載，當年雖嚮往寫作生涯，但因身不由己，整個生活都投入公務。偶然念及許多人和事，也是倉促成篇，並無連續性的寫作。

退休後，常到新竹小女兒家小住，她家位於十五樓，從落地窗遙望出去，一片藍天綠地，屋宇車輛像積木般堆疊其間，遊目聘懷之際，思緒也隨蕭蕭的風聲，飄向雲間。前塵往事，一幕幕浮上心頭，多少未伸的壯志，值得紀念的人和事，也掙扎著呈現於紙上，所以這本散文集，雖然是排遣寂寞大的遊戲之作，卻也是本人這些年的一份心血與見証。

承名作家張放先生的介紹，認識文史哲出版社負責人彭正雄先生，承其雅意，願為拙作出版，在此深深感謝。

一朵盛開的曇花 目次

心情記事

婦女與教育

附錄

心情記事

春上枝頭

每年冬盡春來時節，我都要把院子裡的樹木大大修剪一番，因爲我的院子裡樹多花少，幾乎成了一個小小的林園。

住的兩層樓房，右邊西曬。二十年前搬來時，外子爲解決西曬問題，種下許多樹木：白蘭、桂花、羊蹄甲、鳳凰木、檳榔樹、耶誕紅和大花木蘭……，密密麻麻的排列滿園。這些樹木長得既高且大，不幾年枝椏已伸向二樓陽台，讓樹下那些玫瑰、杜鵑、海棠、山茶和孤挺花之類飽受威脅，它們長不肥也長不高，我常爲了調整花樹的位置頗傷腦筋。

花匠每次來修剪花木時，總是爲我提出建議，他說太密了，要拔掉一些。但我睹物思人，那捨得割愛，只有讓他搬來搬去的調整位置。不過每搬一次，總讓我擔心許久，它們會不會因遷移而死去呢？一直要等到看見枝頭長出了嫩芽，這才會把心放下。

大門頂上原來的軟枝黃蟬，長得蓬勃茂盛，那是從臺北舊居搬遷過來的，已有十多年了，兩年前老朽死去，花匠爲我換了一棵玫瑰紅的九重葛，不到一兩年，它便攀緣到大門頂端，花葉怒放，把門頂裝飾得像個花圃，花枝垂吊四周，進出的人都要向它低頭，也爲院中增色不少。

今年初春，又到剪樹時節，花匠堅定的勸我，要把樹木「減肥」，他說：「羊蹄甲鳳凰木一定要拔除，否則將來地都要被它的根崩裂，還有那棵白蘭太高太大了，也應除掉。」我看到院子裡的確是綠蔭重重，暗無天日，只好無奈的接受他的建議，讓他做了一次大砍伐；同時又把幾株大樹也搬遷調整一番，使得樹下的杜鵑、海棠、山茶和孤挺花等都得撥雲見日，大展鴻圖。

自從把院子的花木做了一番修整之後，看起來是清爽多了，但使我又擔心起那些被搬動的花木會不會再生？我天天望著那些枯枝發呆，希望它們快快發出嫩芽。一月、兩月，又來了幾次寒流，它們的命運會如何呢？天天看著等著，今春多雨，寒流過後不久，它們居然發出了淺淺的一點點淡黃。當我發現後心中的喜悅眞是無法形容，獨自喃喃的對自己說：「看，它們活了，它們活了。」眞的，現在耶誕紅、紫槿樹、紫茉莉的枝頭已是青蔥一片，活力無窮。每當站在二樓陽台上，放眼四望，自家的、別人的院落裡都透著新綠，充滿生機。

往日，經常是早出晚歸，院子裡的花開花謝似乎都不曾留意，遑論照顧了。養了幾盆曇花，它們依牆而立，悄悄滋長，可惜每當在夜間怒放時，我卻一點也不曾覺察，及至翌晨偶然發現凋謝的曇花垂頭喪氣的吊在枝葉間，看到後我總是情不自禁的懷著一顆歉然的心情走近去低聲的說：「對不起，我實在不曾知道你們會在昨晚開花呀。」同時也埋怨自己實在不會照顧花草，好愧慚。

近一年來，似乎清閒多了，也喜歡照顧院中的花花草草，施肥澆水，修剪枯葉，也是一種樂趣。「生長」畢竟是一樁開心的事，眼看著枝頭的綠意漸濃漸茂，盆中的孤挺花突然冒出頭來急待開放，鳶尾花伸展著飛躍的舞姿，海棠也展現出粉紅的笑靨，而心中的那份快樂，眞叫它們把我帶入了永遠的春天。

82年5月10日中華副刊

往日行腳
——自然就是美

六十多年前的往事，那麼鮮明的浮現在我的腦際。

女孩子們爭先恐後纏小腳的情景，也不時湧上我的心頭。

那是婦女們遭受束縛壓迫的年代，也是紛紛覺醒要求解放的年代。於是「天足」這個新名詞此起彼落，街頭巷尾都在談論女孩子們的種種。

西北一個小城裡，唯一的一所女子小學，有一天掀起了狂風巨浪，鬚眉皆白的老校長，忙出忙進的指揮著全校師生打掃校園，並讓學生一齊列隊操場，歡迎從省城派來的女督學。她是提倡「天足」，而強迫女子「放足」的一位政府官員。校長頒下命令，如果那一個學生不出來排隊，便要遭受記過或開除的處分。

全校頓時嘩然，小孩子大呼小叫的跑出跑進，尤其是那幾位腳纏得很小，而且已婚的年長學生，一聽到要叫她們「放足」，不准再裹小腳，嚇得面無人色，於是一個個往廁所裡鑽，想躲過督學檢查的這一大刼。

下午二時許，校門外一頂轎子落下，（當時最普通的交通工具便是轎子）走出一位短髮、身著淡藍色旗袍的女士，校長連忙迎上前去，引領著她來檢閱我們的隊伍。這位督學，身材高䠷，面色紅潤，約有四十來歲，一雙大腳，走起路來很像男人。她走近每位學生面前，都要從頭到腳打量一番。全校總共不過百人，檢閱完畢她對校長說：「現在我要對全體學生講話。」

這時體育老師忙來整理隊伍，讓大家立正稍息後，聽這位遠道而來的女督學訓話：

「校長，各位老師、各位同學，我是薛××督學，是由教育廳派來視察漢中區女子教育的。主要的目的，是要勸告學生不要『纏足』，要『放足』成爲『天足』。什麼叫『天足』？就是生下來自然長成的樣子就叫『天足』。你們看看我的足就是『天足』，不曾用布裹小，生來就是這樣大。現在是文明時代，男女平等，女子要和男子一樣的讀書、升學、留洋；也要和男子一樣的爲國家社會服務。現在通都大邑如北平上海各地的婦女，都在要求『婦女解放』，爭取『男女平等』，難道我們女子本身還不解放自己嗎？所以不纏足是解放自己的第一步，其次接受教育是解放的第二步，這樣才能爭取到男女平等的地位。

今天我來到貴校，就是要親眼看看這個學校的女學生有多少纏了足，多少人未曾纏足，請纏足的同學舉起手來好不好？」

薛督學這麼一說，校長也接著說：「纏足的人舉起手來。」這一突如其來的問題，弄得大家不知所措，竟沒有一個人敢舉手。

這時薛督學又說：「請沒有纏足的舉手。」這時才有二十幾位學生舉起手來，包括大姊和我在內。顯然有百分之八十的人是纏足的。薛督學接著又對校長說：「請你告訴纏腳的學生，現在就去把裹腳布解掉好不好？」

校長發號施令，讓纏足的學生都到教室去取掉裹腳布。學生們只有到教室去「放足」了。我偷偷的跑去一看，教室後面地上放了一大堆裹腳布。不過許多人剛纏住不久，取掉也不在乎，只有躲在廁所裡的那幾位小腳學生，簡直不敢出來，她們一邊哭一邊說：「取掉裹腳布，我們根本不能走路嘛。」

就這樣亂哄哄的度過了一個下午，黃昏放學了，我和大姊回到家中，便把今天學校所發生的事一一告訴母親。她聽了笑著說：「我過去做過的事往往有後悔的，只有不給妳們纏足並讓妳們進學校唸書，我永遠不會後悔。」

想到今天的女性，她們眞是幸福的一代，恐怕很少聽到當年那個時代婦女們所受的種種束縛和折磨。說起纏足的由來，據考起於南唐李後主，後主有一宮女，名叫窅娘，纖麗善舞，於是後主命人做一金蓮，高度六尺，並用珍寶絹帶纓絡裝飾起來，令窅娘用帛把腳纏住，在金蓮中迴旋跳舞，如像淩雲一般。由於舞人多起而效法，即古樂府所云：「纖纖作細步，精妙世無雙。」可是並非人人都纏足。到了宋代以後，習染日深，民間婦女，競相效尤，此風乃普及全國。但到了清朝，又開始提倡天足，直到民國才逐漸革除這種陋習。

我想，凡是風氣之形成，多半是上行下效，俗語說，「皇帝愛細腰，宮女皆餓死。」那個年代的女子，全是為男性而活，為了取悅男性，不惜吃苦受罪。我國婦女歷經數十年的桎梏，好容易熬到廿世紀初葉，由於 國父國民革命成功，倡導男女平等，女子才掙脫了許多不平等的枷鎖，有了獨立自主的地位。可是現在呢？有些女性為了「愛美」，她們又心甘情願的把自己陷入另一種方式的束縛之中。只要我們稍微留意一下，臺灣目前大街小巷的美容院、整容醫院……的招牌、廣告掛滿處處，都在為女性改變容顏，於是割雙眼皮、割酒窩、隆鼻、隆乳、拉皮、紋眉……等等手術，天天在大衆傳播上宣傳，但因有手術不妙，弄巧反拙而打起官司的新聞也不少。如今，婦女本身心甘情願的去虐待自己，去忍受那改變容顏的痛苦，說穿了，愛美嘛。

美，人人都愛，但美離不開自然，「自然就是美」，凡是一切違反自然的措施，都不算美。只要一個人時時不失去「自然」，「美」便蘊藏其中。例如談吐自然，表情自然，態度自然，舉手投足間自然，沒有矯揉造作，不去裝腔作勢。年輕時候的美在於充滿活力與理想；中年以後的美，在於成熟與進步；到了老年，他有穩健與沉著的美。一切合乎自然，順應自然，並接受自然，你能說不是「美」嗎!?

82年3月2日青年日報

一朵盛開的曇花

「曇花一現」，人人都知道它的壽命是短暫的，美麗是剎那間的，香氣也會轉眼消失。不由人在欣賞之餘感到惋惜，在讚美之中，帶著感歎與無奈，它畢竟只擁有瞬間的絕代風華。

我家院子裡有幾盆曇花，過去我都任它們自生自滅，花開花謝也不曾覺察。而今清閒了，才不時關心著園中的花花草草。一天清晨，在院中偶然發現了一盆曇花頂上，冒出了一個大大的花苞，我推測它會在當夜開放，於是整天都關心它的發展。

午睡起來去看它，已比早晨肥大了一些，晚飯後又去看它，依舊是老樣子，等到夜間十一時許再去看，哇！一朵雪白盛開的花身昂然挺立在長長的綠葉間。這時我好高興，便仔細地瞧，花兒怎麼會長在葉子上？一時不知該如何處置。稍一沉思，便拿了一把剪刀把它從長葉上剪了下來。花柄長長的，可是彎彎的，無法插入瓶中，便用了一個大玻璃缸，把它擺在中央，用水泡起來，放在書桌上，讓我來慢慢的、仔細的看個究竟。

曇花比睡蓮還大，比白木蘭花更白，白得找不出一點瑕疵。花瓣有十多瓣，分爲兩層呈橢圓形，外圍尙有一圈細而長的淡黃色的小花瓣，把大花瓣襯托起來，彷彿是花的侍衛。最奇特的是雄蕊，一大叢長長的白色細梗，排列在花中央的一邊，上端鵝黃色的雌蕊，像一頂小帽子蓋在長梗上，整個花形看起來圓潤、潔白、勻稱、淡雅，美極了。湊近一聞，啊！那股幽香，既不像桂花香，也不像玫瑰味濃，而是那麼淡淡的、甜甜的、清清爽爽的滲入鼻孔。我想，它這麼美，這麼漂亮，今天我倒要親眼看看它究竟是怎樣的由盛而衰，由榮而枯。

一小時過去了，它容貌依然，於是我便拿本書坐下來，陪著它在一旁看書。回頭再看看曇花，花容依舊，已經子夜時分，我洗過澡回來，它依然文風不動，像一位莊重而矜持的少女，靜靜的端坐在那兒。我心裡想，不知它何時才會凋謝？這時我眞的疲倦了，索性離開它睡覺去，何必親眼看著它枯萎呢？

次晨一覺醒來，趕忙去看曇花，啊，它已完完全全的躺下來了，瓣蕊四散，慵懶地浮在水面，彷彿那一瞬間的美麗，已耗盡了它所有的元氣。

難道造物主眞是這樣安排的嗎？世間的完美只是短暫的一剎那？難怪人們常說：「世間沒有十全十美的事物」。曇花，的確很完美，卻又是那麼短暫，只有「一現」

的命運。所謂「好景不常」、「過眼雲煙」、「人生苦短」……其意彷彿也像曇花一般。可是曇花畢竟曾潔白、清麗、脫俗和充滿生機；雖然短暫，依舊令人難忘。

82年8月4日中華日報副刊

滿園春色

我家院子雖不大，但種植的花木不少，因空間有限，不免互相簇擁、遮蓋、擠來擠去。其中不受影響的，是爬上大門門頂的九重葛，它生長得既快，四面又可自由伸展，不到一、兩年，居然把周圍的茶花和杜鵑遮掩得變成了它的附庸。它高高在上，任意伸展，觸目盡是一片嫣紅花藤，眞有點不可一世之感。

那棵粉紅色的茶花是從舊居遷來的，已有二十餘年了，長得比人還高，每當農曆年前後，都是怒放時節，可是今年只見苞蕾，不見開花，而杜鵑也奄奄一息，黯然失色。

靠大門右手牆邊，則有一棵檳榔和一棵木蘭，檳榔倒很拘謹，也很守本分，細細長長的樹幹，只向上發展，直衝雲霄，頂上的葉子與結的檳榔，從不曾妨礙過任何別的生命；然而那棵木蘭花，就霸道得多了。它枝繁葉茂，雪白的花朵，一開就比碗還大，花雖純潔美麗，只可惜容顏短暫，謝得也快，並且把四周的玫瑰、海棠與非洲鳳仙花，遮得不見天日。

於是，在我把院子好好巡視了一遍之後，便認爲必須對那些大樹加以修整，否則，其他花花草草就毫無生存的空間了。但是當我與小女兒和女佣商量之後，她們卻一直反對，認爲九重葛充滿春意，顯得院子裡一片紅色很熱鬧，而木蘭花長得那麼高大，也實在不忍砍伐。我便回答說，這世界上還有其他弱小生命也要生存呀，豈可只讓強者佔盡便宜，出盡鋒頭。於是我力排衆意，找來花匠，照我的想法，把九重葛砍得只剩下主幹，讓它乖乖的躺在門頂上，而對木蘭花樹，也鋸去了大半，院子裡頭頓時光亮清爽起來，其他花木也彷彿顯得鮮活多了。

兩個月後，正是春意濃濃、春雨綿綿之時，我發現杜鵑花開了兩、三朵，苞蕾不斷的綻放，茶花也都開了，玫瑰花苞更綻露出朵朵粉紅，其他的小花小草，也都像得到了喘息的機會。這時我好得意、好欣賞自已這一意孤行、義無反顧的砍伐行動，若不是我能忍痛的大加修理一番，院子裡其他小花小草，那還有生存發展的餘地呢？

天地間萬事萬物，不管是柔弱的花草或粗壯的大樹，只要有生命，就該同受大自然的眷顧，同沐春的滋潤，同享春的賞賜，不是嗎？

85年6月1日青年日報

走過景美

臺灣有許多地名，聽起來非常典雅而富詩意，例如「景美」、「桃園」、「碧潭」、「暖暖」、「日月潭」、「綠野香坡」……等等。單拿「景美」一地來說，它是臺北市的一個城鎮，也是新店往臺北的必經之處。我家住在新店中央新村，去臺北時一定要經過景美，而那座長長的景美橋，橋下經年流著潺潺的溪水，岸邊是濃蔭的矮樹，來回走著，每次都會令我有一種心曠神怡的感覺。尤其因景美是我陪伴小女兒參加大專聯考時的一個難忘的地方，那是在景美的一所國中內，從景華街走進去便是，所以每當車子行經景華街口時，我總要留連的望上幾眼。

提起陪考，在我此生中一共有過五次經驗。大女兒讀書時，國民教育只有六年，所以小學畢業後必須參加初中入學聯考，我便陪大女兒考初中，幸而考上北一女。初中畢業後因她在校成績優異，便直升高中部，總算免了我再陪考的辛苦。高中畢業後又要參加大專聯考了，作媽媽的那放得下心，又要陪考了，只覺得這是我對她的最後一次陪考；誰知她在臺大畢業後，要赴美深造時，卻又遇上了出國留學考試。考就考吧，只有再去陪了。

留學考試的那一天早晨，我端上準備好的早餐，凡是她平常喜歡的糕點，樣樣俱全，她一看擺滿了一桌便說：「媽媽，留學考試可不簡單，您爲我準備這麼豐盛的早點，我實在吃不下去，如果考不取該怎麼辦？」我笑著對她說：「傻孩子，這有什麼關係，你儘管吃吧，我想你每次考試都很順利，這次會考取的。」我們母女匆匆吃完，便一同趕赴考場。後來她眞的考取了，順利的出了國。

到了小女兒，我又是免不了陪考，她上的是一所私立中小學，小學畢業後直升初中部，免了我一次陪考。可是初中畢業後須考高中，我只得又去陪考，高中畢業後陪著考大學，更是理所當然。她的大專聯考考場就是景美的一所國中，這是我這輩子最後一次陪考，所以景美給我留下了難忘的印象。

談到陪考，所有的父母們該都有著同樣的經驗吧。在炎炎的夏日裡，在考場外的空地上或樹蔭下，坐著或站著的全是考生的父母或親友，有的還自帶凳子或躺椅之類。他們對考生在未進考場之前的殷殷叮嚀，等到走出考場之後又問長問短，左邊打扇子，右邊遞毛巾，擦汗水的，端飲料的，表現各異。那種場面，每年暑假聯考時，都會在電視畫面上出現，形成當前臺灣社會特有的文化，令人印象深刻。

陪考的歲月已然遠去，如今回想起來，其過程雖然緊張和辛苦，但何嘗不是一種幸福，因爲那時孩子仍能朝夕相伴，以後漸漸長大了，羽翼豐滿了，各人有各人的理想，免不了又要遠走高飛，只留給自己一片冷清與難忘的回憶，回憶著昔日和她們生活在一起的酸甜苦辣，回憶著當年她們帶給你的歡笑與熱鬧，回憶著那些悲苦的往事，回憶著一切的一切……。但時光怎能倒流，不禁默默的嘆口氣：「唉，孩子不長大該有多好！………」

87年3月5日青年日報

家住祥雲落照間

午睡起來，我坐在憑臨陽台落地窗前的沙發上看書，那是一本柏楊版的《資治通鑑》，是小女兒送給我作爲今年生日禮物的。

第一冊戰國時代，滿篇攻城掠地的廝殺聲。各國互相殘殺，彼此欺騙，挑撥離間，推銷謀略，講究權術謀害忠良，一切手段都爲了消滅他人，壯大自己。看得我不禁獨自發笑，那眞是個你爭我奪、沒有和平的年代。

放下書，不由自主的望向窗外，窗外是一片高遠的蒼穹，蝙蝠在空中穿梭，正是落日黃昏時分，我向陽台走去。

這是一座高二十二層的樓房，在這個社區裡，一共有六棟這樣的高樓，我住在其中一棟的第十五樓。望向天空，似乎不像在平地上那麼遙遠，天空中隨風飄動的雲彩，直逼眼前。淡藍色、玫瑰紅、琥珀色的浮雲，有的像綿羊，有的像駱駝，又有些像推車的小販，還有些像奔騰的野馬。這些飄浮在魚肚白的天際間形形色色的雲彩，有的由東向西流，也有由西向東流的，上上下下各不妨礙，飄飄蕩蕩，輕鬆閑散，流著，流著……我目不轉睛，看呆了。

不旋踵，掛在西天的夕陽，已由金黃色的圓球，漸漸變成橢圓、半圓，以至月牙形，逐漸隱沒在雲端裡。此刻，周圍的天空已被夕陽渲染成一片橘紅色，眞是「夕陽無限好」。我只以爲日已西沉，但轉眼間，它又衝出雲隙，圓圓的掛在西天，但卻是刹那間的一現。我不曾見過落日竟有如此的奇妙，它會由隱而再現嗎？是不是這就是人們所謂的「迴光反照」呢？眞使我有點茫然了。

這時，夜幕漸漸低垂，馬路上的大小汽車，都亮起了紅紅的尾燈，有秩序的一輛接一輛的緩緩而行。高樓上的燈光也次第亮起了，四面八方，閃閃爍爍，滿有情調的。因爲這兒的霓虹燈不多，反襯出這個城市的安靜與和諧之美。從這個陽台望出去，最惹人注目的卻是遠遠的一座拱橋，橘紅色的霧燈，整齊的排列在兩旁，那麼璀璨，那麼勻稱，長長的，彎彎的，據說它叫「東光橋」；它的光芒，給這小城的夜色，做了最美的妝點。

我遷居此處，是極爲偶然的事，小女兒購買了這座高樓，她一心要在我退休之後能與她同住，以享天倫。最初我是絕對不願，也實在無法離開居住了四十多年的臺北的，那是我生活的中心。但禁不起她一再的苦苦相勸，我拗不過她，只答應她把此間當作一個驛站。不過近來經過了幾天的小住，卻使我深深的愛上了這個地方，尤其是在夜晚，那座「東光橋」的風光，簡直變成了我的最愛。

清晨起來，由陽台上望出去，滿眼都是雲和山，靠左前方，是工業技術研究院，院內一片蓊鬱，有青青的草坪，有鮮艷的花園，有成行的松杉，還有一簇簇、一排排的翠柏，它們在晨光中更顯得鮮綠亮麗，充滿生機。而在院內的中央，還有一條蜿蜒的小溪，潺潺的流過，據說一直會流入大海。

在書房的窗外，遙對十八尖山，隱隱約約的還可看到爬山的遊人。一天，小女兒不上課，她一定要陪我去爬山，於是我們起了個大早，打扮成登山者，腳穿球鞋，頭戴遮陽帽，走向山中，沿途遇到許多下山的早起人。登山道路十分平坦，路旁栽種著各式各樣的變葉木，眞是林蔭夾道，好不清爽。沿途還有休息站，走一陣累了可以休息。

我們一共爬了兩個階段的山，在一個香火旺盛的小廟前坐下來，參觀那些善男信女們的虔誠膜拜，看來這兒的香火頗盛呢！據說，要爬完十八尖山，一共設有這樣的神壇十八處。我們休息了一陣，便打道回府，就花去了兩個小時。

站在後陽台上，眺望清華大學的校園，也是一件賞心樂事。一幢幢、一座座的高低建築，顯出這所高等學府的風貌，只要出門走不到幾分鐘，便可進入清大校園的後門。一個星期天的清晨，小女兒夫婦陪著我去清大校園散步，並到成功湖畔小坐，觀賞湖中的錦鯉，我們購買魚餌去餵魚群，牠們群集爭食，頗爲有趣。

也許，今後我會領略出這個驛站的好處，甚至漸漸喜歡上了這個號稱「風城」的地方——新竹。

84年11月24日青年日報

勤奮苦讀的張放

對於社會上那些努力不懈，追求知識，苦學有成的男女青年，我一向欣賞佩服不已。只覺得他們在這混濁的社會中是一陣春風，一股清流，實可給那些徒混歲月的年輕人，發生一些見賢思齊的作用。張放便是屬於前一類的一位勤奮苦學成名的作家。

認識張放是十多年前的事，第一次中韓作家會議在漢城舉行，由尹雪曼學長率團參加，一共有三十多位文友浩浩蕩蕩的去了韓國。會後參觀韓國各地名勝古蹟，回程又取道日本返國。我們每到一處，只聽張放說出許多名勝古蹟的典故，並隨時背誦出名人的詩句；去日本各地遊覽時，他還是現成的翻譯。我覺得張放年紀並不大，讀書和閱歷卻是豐富，實非泛泛之輩。回臺後，他送了許多已出版的作品給我，例如《望山樓隨筆》，《三更燈火》，以及最近出版的《是我們改變了世界》等書。拜讀之後，眞覺得他博學廣識，不僅對於中外文史書籍多有涉獵，對我國古代文學的造詣亦深。在他作品中，隨處可見隨手拈來的中外文學家的名言或古典詩詞，足證他讀書不僅專注，更已達到融會貫通的地步。

民國三十八年四月，張放以十七歲的青少年隨八千名山東流亡學生，自廣州來到澎湖，從此他半工半讀，而且開始寫作。經他服務的城市包括基隆、左營和臺北等地，這些城市的圖書館內的文史書籍，他幾乎全部借閱過，自己收入微薄，但愛買書不惜借貸。從前牯嶺街的舊書攤上，他常常去翻閱或買到有價值的書刊甚多，所以他家藏書之多朋友皆知。修了近二十萬元的書架，尙未放完，由此證明張放是個書痴。

說他是「書痴」一點也不過分，在他近作《是我們改變了世界》一書中，有一篇〈逛書攤〉的散文中曾有這麼一段：「某年春節，我帶著牙牙學語的星兒在高雄逛書店，也許我專心翻書，萬頭鑽動，星兒竟隨人潮走失，我遍尋不見，只得打電話報案。蘭梓嚇得面色蒼白，氣急敗壞地要我賠她的兒子。我說星兒也是我的兒子，我不小心丟了他，怎麼賠？兩天後我去派出所簽名蓋章領回星兒。」

眞令人揑一把冷汗，不知他們夫婦是怎麼熬過那兩天兩夜的？

張放寫散文也寫小說，並寫電影劇本。出版過四十餘種作品，還頻頻得獎。小說《遠天的風沙》獲中山文藝獎，散文《驚濤》獲教育部文學獎，電影劇本《荒烟》獲國軍文藝金像獎。又寫文學評論，尤其對大陸文學研究了三十年，對大陸的許多作家都有專述。例如對周作人、張資平、郁達夫、魯迅、郭沫若、蕭紅……等。一九九四年三月，由趙元任博士之女公子主持的「劍橋新語社」在美國哈佛大學舉行，邀請了許多文學作家參加，張放被邀，他的講題是「對中國大陸時期小說的評論」，頗受大陸學者及作家的重視。

畢業於政治作戰學校影劇科的張放，後來又赴菲律賓亞典耀大學深造，獲藝術碩士，民國八十年至八十三年，他應菲律賓三寶顏中華中學之邀，擔任校長四年。公餘之暇，他仍不忘情於寫作，寫了一個專篇小說、一本文學評論，和一個短篇小說集。現在他正值六十出頭的盛年，想將仍有更多更好的作品問世。以他刻苦自勵，專心治學的精神看來，在物質生活上雖是平淡無奇，然而在精神層面，卻是異常豐沛。他從少年時代便長期在圖書館中生活，所謂讀萬卷書，行萬里路，他是當之無愧。他的散文讀起來輕鬆有趣，在不著痕跡下充滿憂國憂時的情愫，也顯出了他不忮不求，且具有遠大的胸懷。

所謂人各有志，看到有些人專門在股票市場，或炒地皮上打轉，被「賺錢」呼來喚去，而張放以流亡學生的出身，卻沉浸於讀書與寫作之中，追求人生的另一境界，能說這不是中國傳統讀書人的本色嗎!?

84年7月9日青年日報

吞雲吐霧憶兒時

爲了禁絕安非他命及其他毒品在臺灣的蔓延，朝野上下一致防堵，讓我們的社會，彷彿面臨了第二次的鴉片戰爭。這不禁令我想起在六、七十年前，鴉片尚未遭禁止時，幾乎人手一支大煙桿的景象。

在我六、七歲剛上小學的時代，每到假日去鄉下外婆家玩時，只見原野上開遍了可充當鴉片原料的罌粟花，幾乎只要有土地，就無處不栽種罌粟花，那粉紅色的花朵，非常艷麗，把大地妝點成了一個極美的大花園。

外婆家務農，但也有一段很長的時期不種五穀雜糧單種罌粟花，據說那比種五穀獲利百倍。在我記憶中，一年內有兩個時期去最好玩，一個是罌粟花開遍田野時，一個是罌粟花謝了結成果實時。那果實像個雞蛋似的橢圓形，硬硬的外殼，呈現深灰色，只要打開那個小小的硬殼，便有無數如芝麻大的黑色顆粒滾出來，聞起來很香，吃到嘴裡也是甜津津的，小孩子最愛去採擷那硬殼來吃。據說，那小小的黑色顆粒，便是製造鴉片的原料，所以大人們還不讓小孩子隨便去蹧蹋呢！

提起當年抽鴉片煙的情景，而今回想起來，眞像夢境一般。民國十四、五年間，各省還是軍閥割據時代，每省每縣的老百姓，吸食鴉片的習慣，比起今日的抽香煙還要普遍，從沒有人禁止過。那時不分男女老幼，只要你有錢有興趣，都可以抽上鴉片。在我們那個小縣城裡，每條大街或弄堂裡，只要有個門面，裡頭就有人做供應吸食鴉片的買賣，尤其是在比較熱鬧的街市兩邊，幾乎一家挨著一家，每家都是供吸鴉片的店舖。他們專做鴉片生意，其他一概不做，所以門面上的招牌，寫的都是歡迎吸煙者的口號，如：「聞香下馬」、「癮君子請進」……等。無論男女老少，都可進去吸上兩口。所以家家香霧瀰漫，人人都在吞雲吐霧，這種怪異現象，至今還深刻的印在我腦海裡。

至於一般家庭，不抽鴉片煙的也很少，而且把有抽鴉片設備的，認爲是一種高級排場，越有錢，家中抽煙的設備越多越講究，一套、兩套，長輩、晚輩，各有安排。而像我們家中父母一不准抽鴉片，二不准打麻將的，可說是少數中的少數了。

據說：在那個年代，有許多有錢而短視的富戶人家，深怕子弟去外面亂跑，隨便花錢，便想把子弟留在家中固守產業，唯一的辦法是引誘他抽上鴉片，這樣他便會乖乖的待在家中，娶妻生子，終老田園。那知天不隨人願，那些萬貫家產的富戶，等到子弟吸鴉片上了癮之後，就變成坐吃山空，一事無成的閒散人，不多年，還未到老，便已把家產吃光賣盡，困苦終生。

我們縣城裡就有一位首富，人家都叫他王世萬，眞是家財萬貫，華屋滿城，他是家中獨子，不幸父母早逝，由他一位親戚照顧，爲他娶妻後，夫婦雙雙都吸食鴉片。因家中富有，常常車馬盈門，高朋滿座，天天唱戲，娛樂賓客，加上把抽鴉片、打麻將視爲日常正當應酬，就這樣揮霍無度，不過二、三十年，家產已變賣殆盡；而這位財主又雙目失明，妻子也因窮困而死。而他也由萬貫財主，變成了街頭的流浪漢。不得已只有沿門乞討度日，鄰居們看他身世可憐，每天給點殘羹剩飯，久之人人厭煩，而到了嚴冬，又無棉衣蔽體，也無藏身禦寒之處，結果便凍死在城外一個橋洞下面，死時不過才五十多歲。

後來國民政府下令，禁止種植、販賣和吸食鴉片，時間好像是從蔣委員長提倡新生活運動前後開始的。接著對日抗戰來臨，國家要鼓舞人民提振精神救亡圖存，便對後方各省嚴禁種植鴉片，一時雷厲風行，對違法者判以重刑，甚至處死。記得在我們家鄉，也有人在山區種植鴉片被政府查到而判處死刑的。

近年來，常常看到大衆媒體上，披露禁食安非他命及其他毒品的消息和畫面，不禁勾起我對往昔社會吸食鴉片的種種印象。我國受鴉片之害已有百年歷史，讀小學時便知先賢林則徐焚燒鴉片，惹來一場英法聯軍之戰。而今鴉片倒是根絕掉了，可是人們吸食及販賣安非他命及其他毒品，現在又在臺灣社會中氾濫成災。難道我們又要遭逢第二次的鴉片之戰嗎？近據報載，教育廳擬在各縣市設立反毒資源中心學校，以確實幫助有需要幫助的學生戒毒，可見我們青少年吸毒情形之可怕了。希望全國上下，總體動員，努力來消滅這種危害國民健康，尤其是青少年身心健康的殺手，使毒品早日在中國人的身上根絕。

84年12月31日青年日報

棒頭出浪子

在我家鄉城內鹽店巷，住著一位寧秀才，那高大的大門上一對燦亮的大銅環，永遠引人注目，而門外左右兩個石獅子，也彷彿笑口常開。可是大門的門檻高了些，小時候我隨著表姊到寧府去玩，過門檻時總覺得好吃力。

寧秀才家是我們縣裡有名的書香門弟，他的父親據說還是一位舉人，縣城裡中上家庭的子弟，多半是送到寧秀才的私塾裡去讀書。他家富有，娶了兩位太太，但僅生下一個男孩。寧秀才對於他這位獨生子，看得比什麼都重要，尤其是在讀書方面，更希望他與衆不同，出人頭地，將來光宗耀祖，所以他兒子自小便背負起專門讀書的重擔，從不讓他去和別的小孩玩耍，深怕躭誤了他的前程，而且從早讀到晚，由兩位母親和僕從伺候飲食起居。

我有位表姊是寧秀才的外甥女，她常常奉母親之命去探望舅父和舅媽，也和她表哥見見面，表姊嫌一個人去探親氣悶，總是約我一同去。寧府的房子很有氣派，一共有三進，頭一進是個大書房，坐滿了讀書的學生，第二進是客廳，第三進才是臥室。庭園很大，花木扶疏，佈置得十分雅緻，所以表姊約我時，我總是欣然同往。

這獨子名寧秉乾，長得滿帥的，每次我們過去，他總會出來打個招呼，問聲好再回到書房去讀書。據說，每天傍晚，當其他學生放學後，寧秀才還要他兒子留在書房中一個人唸書，一直唸到深夜；這樣，寧秉乾幾乎變成了讀書的機器，簡直沒有任何活動的機會。

寧秀才望子成龍的心太切了，因此對這個獨子的管教也十分嚴厲，總嫌他讀書的成績不如理想，因此常常打罵，而且打得很厲害。據表姊說，有一次把她表哥綁在長板凳上，打得皮開肉綻，她舅媽急急派人來接她媽媽去勸架，可是她舅父卻說：「棒頭下出好漢，不打怎麼能成器？」

寧秉乾在他父親逼死逼活之下，讀書的成績卻還是比其他學生差一大截，他父親以為打罵有效，其實他的兒子早就起了反感。有一天寧秉乾就在遭受一頓毒打後，在夜半悄悄的翻牆逃跑了。一連幾天都找不到他的蹤跡，當時資訊又不發達，這個兒子就這樣失去了蹤影。寧秀才受此打擊，竟然病倒，又覺得兒子不孝太失面子，不久便憂鬱而死，聽說死後這個獨生子依然未曾回家。

蹺家之後的寧秉乾，據說跑到了一個又遠又偏僻的地方，當工人賣氣力維持生活。後來不知怎的結交了一批狐群狗黨，常常進出賭場，以此爲生，就這樣混了一陣子，膽量也大了，又聽說他的父親去世，便受到他那些夥伴的教唆，回家去爭奪財產。在向他寡母哭鬧勒索之後，果然要到一部分財產，他又不好好守住，拿去變賣之後又是賭又是抽鴉片煙，還跟他人合夥做了許多作奸犯科的事，最後終於東窗事發，被當局捉拿，鋃鐺入獄。寧秀才家裡這樁事，便成了我們縣城裡家喻戶曉的談天話題。

這雖是我童年記憶中的一個小故事，可是它一直埋在我的腦中不曾遺忘，而且印象深刻。近年來，在報紙上常常看到一些中學的男女學生，受到功課的壓力，或者因考試成績不佳，受到家長的責備，不是蹺家出走，便是自殺身亡，不禁令我憶起昔日在家鄉曾認識的那位因讀書而逼上梁山的寧秀才的獨子。這些逃家或自殺的青少年，都是不滿現實生活的一群年輕人，同時他們的家長，也是強迫兒女鑽進讀書的死胡同裡，不讓他們走出來的固執人。爲什麼不再想一想，「行行出狀元」呢？爲什麼一定非要孩子去「死讀書」、「讀死書」、「讀書死」不可呢？

我茫然，也很喟嘆。

85年9月8日臺灣新生報

誰能了解她

今天下午我又看到她了，在我回家的車程上。而我也已有好幾天未曾遇到她了。我們應該住得近吧，因爲我總是在公車站上遇見她。一臉的憔悴，蹙額顰眉，衣著零亂，頭髮蓬鬆。等車時的她，總是在車站附近徘徊，有些旁若無人似的，且不住地自言自語，一直到上車。

在我身邊踱著步子的她，彷彿心中滿懷委屈，卻無處傾吐，唯有這兒還能讓她痛痛快快的訴說幾句。我曾特別留意她到底說些什麼：

「要我聽你們的，連門都沒有，我偏不——」

「你們想的美，誰要你們管？——」

「那不是我的錯，不信去問問。——」

我只斷斷續續的聽到三、兩句，卻都是抱怨、反抗和不平之聲，好像不吐不快。我猜想，她心理上或精神方面，可能受到什麼刺激，否則，她怎麼會常常在這兒自言自語呢？

依她的年齡看，似乎已經四十出頭了，這不禁讓我想到，她有父母和兄弟姊妹嗎？有丈夫和兒女嗎？她的家人，又究竟是她精神上的支柱，還是壓力的來源呢？每次一看到她，就讓我腦海中思潮洶湧。

人生本是苦樂參半的，尤其是處在目前的社會中，也許苦多於樂。想想看，在這光怪陸離的現實社會中，在這金錢和利益掛帥的年頭裡，有多少人過的是平平安安無憂無慮，與世無爭的歲月？又有多少家庭是完整無缺的呢？只要我們隨時隨地留意媒體的報導，或者是親眼目睹許多不正常的現象，好像天天都在發生許多令人不解和不快的爭端。例如搶劫、謀殺、家庭失和、朋友反目，親子間或手足間，爲財產爭執……。縱然目前臺灣並沒有直接受到戰爭的威脅，卻有許多無形的戰爭隨時隨地在上演，也隨時隨地在傷害著人們的心靈，使多少人的生活失去常態，而陷於恐懼之中。這位自言自語的婦人，她可能是生活不如意，心理上受了委屈，無處投訴；也或者她是生性怪癖，不易與人相處，而使她變成現在這種神經兮兮的樣子。應該有個人來爲她解開這個結呀！難道她周遭的親人或朋友，甚至社區的人，都不關心她嗎？我對這位經常遇到而自言自語的婦人，由衷的發出一種說不出的感慨。

常聽人說：「要有一顆感恩的心。」的確，處在這擾擾攘攘的當前社會裡，一個人一生並非一帆風順，每個家庭也並非圓滿無缺，只要生活其中的人，能體會到平安快樂，讓家庭保持和睦寧靜，就是一種無量的福分了。由此，也該產生一份感恩的情懷吧！像這位自言自語的婦人，不論是她自己，或是她的家人，是否能體會出平安快樂呢？誰又能伸出援手來撫慰她？

85年11月7日青年副刊

中華文化何處覓

近來有許多親友快過生日了，有的在國外，有的在大陸，我曾幾次去各大書店和文具行，想尋找一些代表中國人情味的生日卡片送人。在重慶南路一帶，我去過好幾家，幾乎千篇一律的賣的是外國圖案的卡片，或由外國進口臺灣的生日賀卡。回想往日那些「九如之頌，松柏長青」、「福如東海，壽比南山」、「福壽康寧」、「無量福壽」……等等各種吉祥詞句的中國式生日卡片，幾乎絕跡了。我順便問一位店員：

「有中式生日卡片嗎？」

「賣完了。」店員回答我。

「我來過幾次都找不到中式的生日卡片喔。」我再問她一句。

她不回答我，我走出來又去了兩家文具行，仍然是千篇一律的西式生日卡。我悻悻然又走出來，心頭充滿疑問：我們天天、時時都在高喊復興中華文化，政府把復興文化委員會的招牌高高掛在那裡，也編了相當的經費，而在實際上又做了什麼復興文化的具體工作？復興文化不是開幾次會，或表演幾個古老的節目就能奏效，文化是包含在人們日常生活中的點點滴滴，在與人們有關的萬事萬物中，都應表現出悠久文化的韻味，培養出富有中國人的氣質才對。但不諱言的講，而今我們的生活方式已受外來文化的改變很多很多，幾乎失去了中國原有的風貌，單從生日卡片這件事來說，我們中國式的形式與內容幾乎全部消失了，代替的卻是外來的東西，連原有文化都銷聲匿跡了，還談什麼復興固有的文化？

最近我從報紙上看到一則新聞，報載：「農曆新年即將來臨，加拿大郵政總局，爲了慶祝中國新年，首次發行生肖郵票，由於今年歲次丁丑，年肖屬牛，因此牛年郵票成爲加拿大發行的十二生肖郵票的第一枚，藉此表揚加拿大華裔對加國的卓越貢獻。」這枚郵票以簡單的線條，勾勒出牛的半身，上面還有一個大大的「福」字，充分顯示出外國人對中國文化的仰慕。回頭來看看我們自己，人人都說要提升文化品質，培養文化素養，但卻不從生活方式與生活觀念上來建立屬於我們自己的文化活動，而任其逐漸式微，我不禁要問：中華文化何處覓？

86年2月28日青年日報

曾經年輕

每當我看到二、三十歲的年輕男女，渾身是勁，充滿活力，又帶著自信、堅強、富於理想的表情，總使我羨慕讚賞不止；也不禁默默自問：「你不也曾經年輕過嗎？也曾發過宏願，有過不少的雄心壯志嗎？怎麼轉眼間就邁入了老境呢？」

眞的，近來我常墜入回憶之中，腦子裡湧現的是四、五十年前，自己爲了遙遠的理想，努力奮鬥的那段艱辛的歲月。

當年在西北，女子上大學是一樁稀奇的事，然而我經歷了無數的坎坷，還是走了過來。大學畢業後的第二年，我在陝西省立漢中女子師範學校擔任訓導主任。一天，省城來了一道公文，要調訓女校的訓導主任赴重慶復興關訓練團，接受爲期五週的政治軍事訓練。這是奉蔣委員長夫人宋美齡女士的號召，要調訓全國各界知識婦女，參加抗戰工作，以促成抗日聖戰的早日勝利。

來到飽受敵機轟炸的重慶，與一百多位來自全國各省的陌生姊妹們相聚一堂，南腔北調，頗難調適，只有八仙過海，各顯神通。每日清晨六時即集合操場早操，多霧的山城，幾乎看不清對面的景物，接著上課、參加討論，從早到晚，沒有一點空閒，而多山的復興關上，教室、會議室、餐廳、宿舍……各據一方，讓人每天每時參與每個活動，都要大步小跑的在緊張中度過。不過忙歸忙，生活卻也新鮮而快樂；收穫也很豐富，更成爲我一生的轉捩點。

每逢週一在總理紀念週時，團長（即老總統　蔣公）定來復興關訓話，其中給我印象最深的一次是他說：「……將來抗戰勝利之後，一定要結束訓政，實行憲政，制定憲法，選舉民意代表，還政於民……。」我受了這番話的影響，心中產生了一個念頭：「將來抗戰勝利後，我要參選民意代表爲民喉舌。」這一意願時時在胸臆中迴旋，也影響了我整個的一生。

受訓完畢後我滿懷憧憬回到家鄉，依然堅守教育崗位，半年後我調至省城西安參加黨團工作，於是組織婦女團體，與社會各方人士接觸，參加座談會，並至各處講演，宣揚抗戰必勝，建國必成的信念。爲了勞軍，我曾帶領婦女團體遠赴濁浪滔滔的黃河之濱，去慰勞抗日負傷的將士，親眼看到他們遍體鱗傷、氣息奄奄的慘象，並了解我軍人裝備欠佳，後方醫療設施不足，益增我對日本帝國主義者慘無人道的憎恨。我們在前方爲士兵代寫家書，講解時事，以鼓舞士氣。

民國三十四年八月十四日，日本戰敗投降的消息終於傳到了西安，那眞是個歡天喜地的日子，當時還有美國空軍駐防西安，於是中美同樂的活動便舉行到通宵達旦。從此，國家、個人，都在爲勝利而歡欣陶醉，我也計畫著自己的前途。政府終於宣布了民國三十五年召開國民制憲大會，民國三十六年正式行憲，並選舉中央民意代表。在這一偉大的目標下，我決定排除萬難，參與競選西安市的立法委員以償宿願。然而那其中的痛苦與煎熬，折磨了我一整年，若不是意志堅強，早就放棄競選了。

看到目前臺灣一般選舉的熱鬧場面，當年的大陸選舉並不比今日遜色，只是大陸幅員遼闊，候選人的產生遠比今日困難。立法委員在各省、各直轄市選出者，其人口在三百萬人以下者五人，超過三百萬者，每滿一百萬人才增選一人，其競爭之激烈可想而知。單以提名來說，即爲一大考驗，並爲各方所矚目，對提名人之學識、人品、聲望，以及對社會團體服務之成績，均爲考慮條件，但絕無如今日臺灣所謂的「金權」或「幫派」介入其中，此實爲當年大陸選舉與今日臺灣最大之不同處。

一晃，半世紀的光陰眨眼即逝，當年進入立法院時我剛滿三十歲。在這數十年的時光中，不但國家遭逢到一場狂風暴雨，而個人遭遇的酸甜苦辣，也與國家的命運同步。眞所謂「生死與共，同舟一命」啊！

記得民國三十八年與政府同來臺灣的初期，只看到社會上一幅百廢待舉的殘破景象，好不容易經過了四十多年來，上下一心的努力奮鬥，人人埋頭苦幹的結果，才使國家由風雨飄搖，走入了陽光普照，使人民由貧窮落後，步入了富足進步，而且目前在世界各國人士的眼中，我國更是名列前茅的豐裕之邦（文化尚待提升）。凡曾在此島上同甘共苦過，曾付出青春甚至生命的男女老幼，你能一筆抹煞他們的貢獻嗎!?

當年的年輕人，而今已是白髮盈頂的老者，然而他（她）們能與國家一同走過了數十載的風風雨雨，也看盡了人世間的起起落落，如今凝神沉思：只要自己熱愛的國家在未來的廿一世紀中能大放異彩，屹立於世界，縱然個人年華老去，這又有什麼關係呢!?

82年11月吾愛吾家

走過從前

中國國民黨，是個歷經百年不衰的政黨，而她所創造出的中華民國，卻是個艱苦備嘗，歷經滄桑的國家。黨齡已超過半世紀的我，不禁緬懷過去，想到多數中國同胞，都曾在黑暗苦難中摸索著、掙扎著，期待黎明。從前那些苦樂參半的種種往事，總會不時湧上心頭。

國父中山先生逝世追悼會

民國十四年的暮春，我讀小學二年級，那時聽到老師說：「國家有災難了，死了救中國的人。」

暮春四月天，在西北方還是個春寒料峭的季節，我們縣立女子小學全體師生，手執國旗，排隊進入一個偌大的廣場中，周圍豎滿了白布黑字的長短輓幛。那天陰風颼颼，我們隊伍就排在那些白布條中，布條任狂風吹襲在我們頭頂上晃來晃去。

台上站了許多人，個個面帶愁容，講話的聲音也是那麼悲悽，一個接著一個，他們都在哀悼已逝世的國父，說他是創造中華民國的偉人，更是全體中國人的救星。全場人都陷入悲涼的氣氛中，講演詞中有兩句話我記得很清楚：「革命尙未成功，同志仍須努力。」

軍閥割據的年代

民國十五、六年間，北伐未成功前，各省都有軍閥盤據。甲省來打乙省，乙省又想吃掉丙省。每當兩省軍隊交戰時，老百姓首先遭殃，因爲那些過境的軍人，要吃要住，而且專挑當地大戶人家。當軍隊要來時，每家都得逃走，任他們來家吃住，有時還要拿走喜愛的東西。我常見母親包好幾個包袱，懷裡放的，手裡提的，不管日夜，只要一聽到風聲不好，便拖著我們姊弟四人往城外佃農家跑，假如有幾天平靜無事，才覺得眞正在過好日子。

有一年，正値八月中秋，家中早就準備好過節的食品，晚間正要開飯時，傳來川軍劉湘隊伍要路過漢中，嚇得我們全家趕快跑向城外佃戶家。夜半得到消息川軍已走，當我們回到家中，眞是一掃而空，只留下狼籍的杯盤。

領不到薪水的日子

那是政府官吏作主的年代，也是百姓受欺凌的年代，公家經費都操在行政首長的手中；不要說財政，就連生殺之權也操在少數統治者的手中。後來北伐成功，軍閥割據的情形減少了，全國大致也稱統一了，但老百姓的生活並未見得改善。一般靠薪水維持生活的公教人員，尤其是學校教職員，是當時的弱勢團體，只要財政上遇到困難，或地方上發生了水旱災，被挪用走的總是教育經費，因此學校教職員的薪俸便發不出來，不是一年只發三、五個月，便是打折扣三成或五成發給。記得我家便是靠長兄教書養家，但一年只領到三、五個月薪水。至於其餘的到那兒去了，誰也無權過問，也不敢過問。

對日抗戰與共產思想的滋長

民國二十七年，我正在西北聯大讀書，這所大學設在西北的一個小城，但日軍的轟炸也不放過。大家一聽到空襲警報，全校師生都往城外跑，那裡又沒有防空設備，大家只有四散在田邊、樹林或小溪旁，一躲便是大半天或一整天，沒吃的、沒喝的，可是爲了逃命，什麼也不考慮了。抗戰期間物質缺乏，學生除學校供給三餐外，誰還有錢準備零食!?回想起當年那段艱苦歲月，眞不知如何熬過來的。

由於戰局的影響，敏感的青年人的思想，便呈現出多重面貌，於是左傾共產流毒，便在大學裡蔓延滋長起來。經常有外地人來校園座談，過幾天便傳出某某同學去延安了，再過一些時，又有校外來人座談，吸引著不少對現實不滿的青年，再過幾天，又聽說更多的人去了延安。在校園裡如果不講幾句左傾的話，別人便會以「落伍」譏之。於是大學校園裡便成了共產思想蔓延的溫床，到頭來共產政權終於統治了大陸。

追求民主在心中萌芽

蔣夫人宋美齡女士，爲了加強抗戰力量，民國三十二年秋，號召並調訓全國婦女高級幹部於戰時首都重慶復興關，接受爲期五週的軍事與政治訓練。那時我代表陝西婦女赴渝受訓。在那五週的訓練中，大家對抗戰必勝，建國必成的信念都十分堅定，我尤其對蔣委員長所訓示的，在抗戰勝利半年後，政府一定召開國民大會，選舉中央民意代表還政於民，以建立民主憲政的政府。這一席話，深深的啓發了我追求民主的理念。從那時起，我一心一意想做一位民主社會的代言人。於是我便義無反顧的回鄉工作，三年後，我參加了立法委員選舉的行列，實現了做中央民意代表的夢想。

近四十年來臺灣社會的蛻變

八年對日抗戰勝利了，民主憲政表面上也實行了，然而這並未代表中國從此長治久安，中國人苦盡甘來。相反的，東北在蘇俄的幫助下被中共接收，國內各地國共兩黨軍隊時起衝突，因此貨幣貶值，交通癱瘓，尤其是徐蚌會戰，使隴海津浦鐵路中斷，中共節節進逼首都南京，於是三十八年春，老總統下野，促成國共和談仍不成，大陸終於淪陷。中央政府不得不於三十八年歲末由渝遷臺，才保存下中華民國的一點元氣，和臺灣這片淨土。

由大陸陸續遷臺的兩百多萬軍民，和剛由日本統治五十年後才回歸祖國懷抱的臺灣同胞來說，這下子增加了彼此不少難以了解的事物，也頻添了不少難以適應的狀況。對我來說，以黃金計算才能購得榻榻米的房屋，看到蕭條的市容，貧窮的農村，滿街滿巷木拖鞋發出的「達達」聲，以及語言的隔閡，都造成某種程度的不方便。可是這都是短暫的，由於對岸中共放話，要三個月「血洗臺灣」，因此居於此地的朝野人士，不管是本省人或外省人，都產生了同仇敵愾，同舟一命的反共決心，加之政府勵精圖治，決心要使臺灣在政治、經濟、教育……各方面塑造成一個三民主義的模範省。於是臺灣逐漸由貧窮而小康，再進入富裕之境，這些目標終於在這漫長而艱苦的四十年中實現了，同時在這二十世紀的末期，中華民國由於教育的普及與進步，促成了經濟高度發展，更創造出臺灣奇蹟，而今將躋身於開發國家之林。這能不歸功於四十餘年來，中華民國政府及全體國民同心協力，胼手胝足，艱苦奮鬥所獲得的成果嗎？

然而，就在這艱苦奮鬥換來繁榮景象的背後，卻暴露出一些令人憂心的現象，許多人只顧私利，不顧公益，只爲追求物質享受，而忽略精神道德，個個向錢看齊，而缺乏愛與同情；一些人醉心「民主」，卻罔顧「法治」，更有些人想不勞而獲一夜致富，便偷盜搶劫擾亂治安，或在爭權奪利的私慾下，不惜犧牲和平正義而走向暴力，使這原本太平的社會，卻籠罩在一片愁雲慘霧之中。老實說，近一、二十年來的臺灣，是我國近百年來最安定、最富裕、最民主、最自由的時代，也是人民享受到家給戶足、豐衣足食的時代，然而目前社會上卻充滿了紊亂、暴力，與目無法紀，例如賄選、貪瀆、販毒與吸毒，因此使社會失序脫軌，使人們心中浮現出不安與恐懼而憂心忡忡。

百年的中國國民黨，百年的中國人，應該是團結奮進，苦盡甘來的時候了，我們衷心祈望和平、安定、繁榮及和諧的美景，快快隨著未來的歲月，降臨到中國人的頭上吧！

84年4月婦友雜誌

追憶經國先生

走出經國先生逝世十週年紀念大會會場後，我腦子裡充滿了對經國先生生前的種種。

一襲短夾克和長褲，一臉自然的笑容，經常出現在小城或鄉間，也經常與一般小市民閒話家常。他——經國先生，雖貴爲總統，卻沒有盛氣凌人的官僚架子，沒有豪華的官邸，更沒有儲存鉅款。生活平凡而做事卻不平凡的經國先生，給我留下了極爲深刻的印象，正如紀念會場內外所懸掛的標語：「時代的勇者，平實的偉人。」

記得認識經國先生已有四十多年了，第一次是民國三十五年的秋天，三民主義青年團第二次全國代表大會在江西廬山召開，當時我是代表陝西省女青年出席會議，在那次會議中，我初識經國先生。第二次是民國三十六年春，那正是行憲之前，全國遴選中央民意代表時期，我參加競選西安市的立法委員，必須先經過中央提名，經國先生便是中央提名委員之一。那時他住在南京的勵志社，我曾去拜訪過他，希望他能支持我的提名。

民國三十八年，大陸時局逆轉，我隨立法院來到臺灣。政府遷臺初期，國家個人都處於極爲艱困時期，老總統抱著全國臥薪嚐膽的決心，朝野上下都在吃苦奮鬥。民國四十二年，中國青年反共救國團成立，經國先生擔任首任主任，全國中等以上學校，開始實施軍訓教育。就在四十六年的秋天，救國團邀請了立監兩院教育委員會全體委員，視察全國各校實施軍訓情形，爲時一週。我們兩院教育委員會同仁，聯袂走遍了全臺灣各地各校。回到臺北後，救國團蔣主任經國先生，又邀請視察的委員們舉行座談，蔣主任希望大家在視察之後，對於一切教學設施，能提出改進意見。

最後一次是民國六十六年，經國先生擔任行政院長時。在一個溽暑天，我突然接到行政院送來的一封快函，是蔣院長約我於某日下午三時到行政院見面，我便如約前往。

我按時到達，坐在行政院會客室約有兩、三分鐘，蔣院長便出來了，他面帶微笑和我握手，並連聲說：「請坐，請坐。」

那時我正擔任立法院教育委員會的召集人，那一個會期，教育委員會通過的法案較多，一開頭他便很客氣的說，立法院的工作很辛苦吧。接著我們便談到當前教育上常提到的幾個問題，例如九年國教實施的現況，還有聯考啦、惡補之類的話題，當時我也表示了我的意見。這時他突然笑著問我：「你對於《拒絕聯考的小子》那本書有什麼看法？」

「這本書我曾在報紙上看過介紹，但我還未看過。」我只有實話實說。由此可見，經國先生對於社會上所發生的任何大小事故都十分注意。這時我順便把帶來的拙著《萬里前塵》一書親手送上，他接過去馬上打開看，一邊看一邊又問我的家庭情形和生活狀況。我對蔣院長說，除在立法院工作外，還在大學兼點課，家中人口很簡單，只有兩個女兒，大女兒在美國已讀完博士學位，小女兒剛考取臺大醫學院。接著他又問我住在那裡，我說住在新店中央新村，是行政院住輔會代修建的分期付款房屋，環境清靜，房子也很適用，他聽了連忙說：「那就好，那就好。」

這時我想起身告辭，因爲說話時間已超過半點鐘。他看我想走又問我：「你有什麼事情要我幫忙嗎？」

說眞的，我的確有事想請蔣院長幫忙，但我仍然欲言又止，只說：「沒有什麼事，謝謝院長的關心。」

我走出行政院的會客室，腦子裡一直在想：「他眞是一位隨時隨地都在關心別人的人。」同時我也有點慚愧，爲什麼那本《拒絕聯考的小子》的書我沒有看過呢？那也是一本有關教育問題的書呀。

後來，過了一段時候，我便去借那本書，就是到處都借不到，於是我到書店買了回來，花了兩天工夫一口氣便把它看完了。

從書名上看，彷彿青少年拒絕聯考，一定是不愛唸書貪玩，不敢去考沒有志氣。其實看過這本書後，我認爲這位拒絕聯考的小子是極爲聰明，樂觀而又進取的年輕人。他拒絕聯考，並非不想讀書上進，他認爲：「對一些人，譬如學者，需要安靜而專心的環境，他們的確需要上大學。但是要學技術，求一技之長，我就懷疑他們是否需要急著上大學，工作幾年後，再上大學，會不會更好，或者根本用不著上大學。……」（該書十八頁）全書的重點，作者都認爲能找到自己愛走的路，有興趣從事自己的事業，有自己的打算，不受周遭輿論的左右，拿出誠實的抉擇及負責的態度，以達到自我實現的目的。其實這種想法我認爲也滿有道理，可惜我未能早看到這本書，不然我可以和經國先生討論討論。可是後來他又做了總統，我也再沒有機會和他見面。不過在我內心裡，總覺得對經國先生有一份歉疚。

經國先生逝世已整整十年了，在他離開人世之前，他做了兩件重大的決定：一是解嚴（解除黨禁和報禁），二是開放赴大陸探親。由他親自做出這兩項關鍵性的決定，可以說爲我國民主憲政成就了大業，所以他過世後，國家社會才有今日的規模，他也成爲歷史上不朽的人物。他雖然去世了，但海內外同胞，無分黨派，男女老少，至今仍對他哀悼、敬佩和懷念不已。

懷念父親

每當臘月將盡，舊曆春節快臨時，我的心情並未因迎春而歡欣起來，因爲六十年前的農曆臘月二十八日，是先父逝世的忌日。

在我十四歲的那年，正是無憂無慮、多姿多夢的少女時光，十月間，哥哥新婚，娶了姊姊最要好的同學做我們的嫂嫂，一家大小正在興致勃勃的迎接春節的來臨。父親更因家中添了一位如意兒媳而大舉辦理年貨，因爲要給嫂嫂娘家的親友拜年，禮物一定要準備得特別豐盛。嫂嫂和我們三姊妹，也忙著爲自己準備衣著首飾和鞋帽，大家歡天喜地，人人喜上眉梢。

祭過灶神，不兩天父親下班回家，他對母親說，覺得頭很疼，大概是感冒了，那已是臘月二十六日。次晨父親躺在床上沒有去上班，家中大小依然各忙各的，也未太在意父親的身體，因爲父親是有名的中醫大夫，他爲自己開了藥方，母親也正在爲他煎藥服用。直到臘月二十八日夜半，睡在廂房的我和姊妹們，忽然聽到母親急促的叫喚聲，那時我最敏捷，連忙披衣衝到上房父母臥室，一下跳上床去，只見父親氣喘不止，喉頭像是被痰堵住，我便輕輕把父親扶起，讓他躺在我的懷裡，含著淚不斷的低聲呼喚：「爸爸！爸爸！」這時哥哥也請來了一位父親朋友，也是一位中醫，便在床前爲父親把脈，並檢查眼睛和嘴巴。只見這位張伯伯，閉目無言，約有十分鐘光景，也不開藥方，站起來搖搖頭便走出去了，哥哥忙跟上去，可是當哥哥回房時，父親就斷氣了，而且還躺在我的懷裡，那年父親才五十七歲。

這眞是青天霹靂，一下子哭聲震屋，尤其是母親，更是哭得死去活來，哥哥本站在一旁，此時也哭著抱住母親說：「媽，不要過分傷心，還有我……」我們姊妹們也哭得不可開交。一個熱熱鬧鬧的農曆新年前夕，全家竟被愁雲慘霧整個的籠罩住了。接下來一連串地準備喪事，我們兄弟姊妹爲了守孝，都不能出門一步，而新嫂嫂也不得不取消回娘家拜年的一切禮節，和我們一同在家守孝。這是多麼殘酷而不幸的一樁傷心事啊，永遠永遠深印在我的腦海之中。

父親是祖父宦遊四川時所生，所以說了一口道地的四川話，父親二十七歲時，因祖父病逝四川瀘縣任上，他護送靈柩回鄉，從此落腳城固。他一心準備應考秀才，求取功名，那知在他苦讀幾年之後，清廷卻廢止了科舉制度，據說父親爲此大哭一場，他說：「既不能爲良相，亦應爲良醫。」便棄官學醫，終於成爲地方上的名醫，開設藥房，懸壺濟世，字號叫「普恩堂」，在城固頗有名氣。

母親是父親的繼室，比父親小十三歲，前妻留下兩個兒子，均由母親撫養成人，其中二哥於十八歲時赴上海習商，不料病死黃浦灘頭。父親愛兒心切，爲此痛不欲生，覺得兒子客死他鄉，實爲家門之大不幸，從此心灰意冷，便把正在興旺中的藥舖關掉，不再行醫，並閉門不見親友，封鎖自己達三年之久。母親多次勸解說：「你不能爲了一個死去的兒子，就放棄了活著的許多子女。」但勸說無效，母親只有變賣家產以維家用，因此家道逐漸中落。一直到三年後，一個晚上，父親外出祭弔一位老友，夜半歸家時適逢大雨，不愼摔落道旁的溝中，落湯雞似的回到了家，母親見狀十分痛惜的說：「有什麼見不得人的事，一定要在黑夜外出，這實在是自我作賤嘛。」經過這麼一摔，父親彷彿清醒了，也想開了，才恢復精神。但從此父親不再行醫，後來在縣政府財政局謀得一職，一直到他去世爲止，那時母親才四十四歲。

印象中的父親，他對我們兄弟姊妹永遠都是一片慈祥，從未見他說過一句責備的話，倒是母親有時很嚴厲，而我們總是靠父親來爲我們講情。當母親爲了我們做錯某件事要我們去向祖先牌位跪下反省時，我們心裡更是盼望著父親早點回家，來爲我們說情，然後拉我們起來。

父親從未對我們疾言厲色過，只要他在家，一聽到母親的責備聲，他就悄悄的走過來對我們低聲說，「乖乖的喲，不要惹你媽生氣喲。」他總是這麼一句話，根本不去追問緣由，所以我們一直未曾挨過父母的打。而我也同樣地很少打過我的孩子。

至今，父親過世已整整一個甲子了，在茫茫人海裡漂泊了數十年的遊子，誰不想返鄉去祭拜祖先的墳塋？自開放大陸探親後，我曾於三年前回到長安，與闊別了四十餘年的兄弟姊妹團聚，詢及父母墓地事，回答說，當局爲擴建馬路，已將父親墳地鏟平，而母親過世也十有八年，幸好墳墓尚在。我聽了啞口無言。兄弟姊妹在大陸受盡了三反五反下放的折磨與痛苦，他們都缺衣少食，自顧不暇，誰也無力好好照顧母親；加上哥哥入獄達二十五載，結果嫂嫂憂傷致死，母親也在飢餓與煎熬中含恨而歿。在旁的姪子對我說，文化大革命的那幾年，他們常去各處尋找野菜來給祖母充飢，並把一張枯瘦如柴的母親的照片遞給我看，當時我的眼淚不由得像珠串似的掉落下來。唉！鍾愛了我一生的父母，在我能夠奉養他們時，卻無法達成心願，「子欲養而親不待」的那種鬱鬱之情，只有綿綿無盡的去懷念了。

83年3月14日青年日報

安貧樂道的典範

——紀念吾師方蔚東先生

蔚東師逝世已滿週年了，在他享年一百零四歲的生涯中，始終是我心目中安貧樂道的教育家的典範。

民國二十七年秋，我考入國立西北聯合大學，那是抗戰第二年。平津一帶的大學都向後方遷移，由國立北平師範大學、國立北洋工學院及國立北平大學三校合併而成的西北聯大，遷至我的家鄉陝西城固；當時我考取了聯大師範學院的教育系，也就是原來的北師大，而師大附中也隨之遷到城固。

城固是個小縣城，一下由外地遷來了那麼多人，首先住房便成問題。我家三合院有一邊空著，經親戚介紹租給蔚東師，最初我與他並不熟知，只聽母親說是聯大師院附中校長一家人，子女很多。過了一年，母親又對我說：「方家生活看起來很苦，我本想漲點房租，但一想又算了。」等到我畢業那年，因為要實習，一定要去師大附中上課，方校長剛巧又成了我實習指導老師。

我實習的科目是高一國文，這是因爲國文是我的副系，指導我的原本是附中的國文老師，但方校長對實習生的訓練一向很注意，所以會親自監督某些科目的實習過程，並且是非常認眞的參與其事。比方說實習之前，實習生先要編寫教案，方校長都會於事前將實習生所編教案一一過目，並且在教學檢討會上，提出他的意見，由此足證他是一位道道地地的教育家。

方老師在我家住到什麼時候才搬走的我不淸楚，因爲我在民國三十一年夏畢業後便離開家鄉城固去到重慶。抗戰勝利後我又回到西安，於大陸淪陷前來到臺灣。在一次北師大校慶會上，在臺北又見到方老師，據說他曾帶著長白師範學院的師生，費盡了千辛萬苦，輾轉了大江南北來到了臺灣。長白師院在臺雖未復校，但方院長對教育的熱忱與奉獻始終如一，而該校師生對方院長的敬重與推崇，也是歷久而彌新的。他——方蔚東先生，眞算是一位安貧樂道教育家的典範啊！

大陸尋奇中的沉思

大陸尋奇的節目在中視播出以來，頗受觀衆的歡迎。而我，因當年曾走遍大江南北，今日能神遊故國，也算是一種精神享受，尤其是近日來播出當年戰時首都重慶的種種，更引起了我莫大的興趣和注意。因爲在八年抗戰中，我曾三度赴渝，最後一次是勝利後，先夫正在國民政府任職，我隨他由重慶還都南京。

不過，重慶也是我的傷心地，因爲那時常跑空襲警報，有一次一天連跑三趟，竟然把我懷孕五個月大的一個男嬰跑流產了。這對我來說，是終生難忘的一件憾事。

我看到大陸尋奇中嘉陵江中的點點帆船，勾起了半世紀前，我曾在嘉陵江中乘船的情景。那是抗戰中期的民國三十二年，我剛在重慶復興關婦女訓練班受訓完畢，當時正在國立女子師範學院任教的魯世英教授，是我大學教授心理學的老師，他知道我在重慶，便來信約我去遠離重慶市的江津縣白沙鎮女子師院工作，於是我便需由嘉陵江乘船去白沙鎮的女師院。

先一天去買船票時，船公司告訴我，明晨五時便要開船，須走一整天，到天黑才能到達白沙鎮。重慶多雨，那幾天秋雨綿綿，我一早便去重慶市的望龍門，拾級而下到了江邊，船卻在五時前就離岸開動了。我望著離開江邊的輪船一點辦法也沒有，只有呆呆的望船興嘆。望了好一陣，回頭去船公司要求他換成次日的船票。但我又怕次日再趕不上船，便乾脆在望龍門碼頭的旅館住下，以便次日上船。到了夜半，只聽人聲鼎沸，原來都是準備上船的。他們說，一定要在半夜三時上船，才可找到座位，於是我也只好離開旅館，跟著人群上船。到了船上一看，早有許多人都佔好位子。

清晨五點，船在晨曦朦朧中開動，已是秋天，晨風帶著颼颼涼意，人們都向艙內走去，我看到船艙內的甲板上，一排排躺著乘客，幾乎連走道都沒有。好不容易擠上二樓，找著了一個靠邊的座位，凝望著碧澄的江水和兩岸飛逝的景物，時局的動盪與前途的憂慮，似乎都拋諸腦後，悠悠的流水，使我內心暫時充滿了無比的優閒與舒坦。

傍晚，又來了一陣滂沱的大雨，聽說已到白沙鎮了；人人又忙著下船，開始搬運行李，艙內充斥著叫喊聲、吵鬧聲，以及上船來的搬運夫，他們不斷的爭取生意，眞令我不知所措。一直到人群稍少一些，有個工人來爲我挑行李，我便和他一起下船。雖已到了江津縣的白沙鎮，可是還要再步行十多里路，才能到達位於十里店的女子師範學院。人生地不熟的我，只有隨著挑夫往十里店走。他知道我是去學校的老師，對我很恭敬。四川的道路，多半是彎彎曲曲的小路，沿途沒有路燈，挑夫提了個燈籠走在前面，我跟在後頭，到了十里店找到學校時，我已是滿身泥濘了。好在當時的訓導長黃淑範教授出來接我，爲我安排了住宿，那時已到半夜十一點了，很想喝口開水也沒有著落。我覺得好累，便打開鋪蓋捲睡覺。誰知淋了一路的雨，被子也打濕了。我只有硬著頭皮入睡；被子的濕，連帶著我的眼淚，一直濕到天明。

次晨，我去看魯老師，他聽我受了那麼多的折騰，還怪我沒有早點寫信告訴他，他會派工友到白沙鎮上去接我。接著去拜見院長謝循初先生，他原來也是北平師大的教授。最後又去人事室辦理報到，那天正是十月三十一日，我只到校一天，學校竟然發給我全月薪水，記得是一千兩百元法幣，眞令我喜出望外。因爲我來此的旅費還是借來的，所以趕快先還債，然後又有同學陪我去鎮上買日用品，我就請她大大的吃了一頓。

十里店的校址，大半建在山坡上，加之經常落雨，泥濘不堪，人人都在叫苦連天，尤其是餐廳、教室、宿舍都相隔遙遠，等於天天、時時都要爬坡奔波。不過遇到北師大的幾位校友都在此服務，而我則被分派到訓導處，擔任輔導學生的工作，我和學生相處的也很融洽，精神上還覺得愉快。可是交通太不方便，而且乘船有遇翻船的事件發生，本校的幾位女生就有幾位作了波臣。聞之令人心生畏懼，所以我只待了一個學期就離開了。

在電視上又看到了重慶的防空洞，想到當年躲警報的日子，和那使我流產的苦況。看見嘉陵江上的輪船，憶起我曾乘船去到白沙鎮的那些往事，當年還算年輕，視吃苦受罪爲理所當然。不過從大陸尋奇中看到重慶，彷彿我又回到半世紀前的抗戰時光，那八年難忘的苦難歲月，也給中國人留下了永遠不可磨滅的傷痛。

86年5月18日青年日報副刊

漢唐故都的文化寶庫

——參觀陝西歷史博物館記

三年前我第一次回大陸探親，在西安住了十天，也參觀了許多文物古蹟，除臨潼的秦兵馬俑外，似乎並沒有與以往有什麼不同之處。當時我便對陪同我的朋友說：「別後四十餘年的長安城，我覺得除了幾條馬路加寬之外，彷彿還看不到今日與當年有什麼分別。」言下有點悵然。可是陪我的朋友說：「有一所很大的歷史博物館正在修建，說不定你下次回來就可看到，那是一座工程很大的博物館啊。」

果然，三年後的今天（一九九三年十月），我又回到了西安，眞的去參觀了這所號稱工程浩大的歷史博物館。我花費了一整下午的工夫，參觀後，使我不能不爲今天大陸還擁有並保存這些古代文物而暗自心喜。

博物館位於西安市區，四通八達，遊人參觀極爲便利。一走近大門，庭院廣闊，便有一種氣勢雄偉的感覺，中間是正廳，而兩邊還有兩幢展覽室，外表看來是現代與古典的融合。深灰色的琉璃瓦屋面，乳白色的牆壁，古銅色的鋁合金材料鑲成的茶色玻璃門窗，有一種明亮而典雅的格調，一走進大廳，我有一種當年參觀紐約博物館的那種感覺。

該館由一九八五年動工興建，一直到一九九一年六月竣工，整整耗時六年，投資近一億兩千萬人民幣，據說，這是國家級的建築工程。

館內陳列展覽的體系，從很早的部落氏族社會開始，再到周秦漢唐宋元明清，舉凡社會生活、歷史演進、政治制度、經濟組織、對外通交，都一一詳加介紹，並以大幅圖表，高懸於牆壁四周。室內分成許多部門，例如周展覽廳、秦展覽廳、漢展覽廳、唐展覽廳……等，每個廳內，皆爲當代最精選的收藏品，種類有：銅器、金銀玉器、唐墓壁畫、陶俑、貨幣、陶瓷玻璃、秦漢磚瓦、漢唐銅鏡等。其中唐墓壁畫數十幅，幅幅生動，尤其是仕女圖，不管是公主或宮女，都是盛唐時代的典型造型。房陵公主（唐高祖李淵之女）墓中的托果盤侍女圖、托盤提壺侍女圖、執拂塵侍女畫，個個亭亭玉立，盛裝艷服，栩栩如生。男的也有許多幅，例如馬車及一群衛兵，爲了李壽（唐高祖李淵及堂弟）整裝待行圖、打馬球圖，還有東羅馬和高麗等國使者訪問大唐的寫照。這些壁畫，都是從陝西各縣發掘出來的。

在各種文物中，以玉器之形狀與雕刻之精美最爲耀眼，其中一座西周時漢白玉佛龕，中間坐著一尊觀音，兩邊站著兩位面貌和善的仕女，她們雙手合十，腳下踩著蓮花，看起來十分安詳自在。而佛龕周遭，滿雕鳥獸蟲魚，作工精細，色澤透明，眞是精選上品。

陶俑部分，更是美不勝收，全是五彩的，如三彩仕女俑、跪射俑、胡人俑、舂米俑、說書俑、相撲俑、人面鎭基獸、貼金彩繪文官俑、貼金彩繪武官俑……等。其中最吸引我的是楊家灣兵馬俑群，十幾排的馬隊與士兵，十分壯觀，註解是：「西漢步騎兵相結合的軍陣。」這比現在大家都去臨潼參觀的秦兵馬俑，又是另一番味道了。

銅器中，以酒器與烹飪器爲最多，造型都很別緻，看來十分玲瓏可愛。可見中華民族，自古以來就是一個美食美酒的民族。有一個四足鬲（ㄌㄧˋ）的烹飪器，走近一看，原來是我家城固出土的，不禁興奮一陣，記載爲全國獨一無二的精品。這個烹飪器，有大碗般大，很深，四隻腳也很高，周圍雕滿了古典的塌花紋。

再走進另一間展覽室，看見靠牆一個長木架上，掛了十幾個銅鐘，名叫柞鐘，鐘的外面鑄有許多短管，那是西周晚期（公元前九至前八世紀）的一種樂器。所謂「鐘鳴鼎食」，也是商周貴族生活氣象的再現。

我常旅遊世界各國，從不放過他們的博物館。我曾陶醉在埃及開羅的博物館中，也曾對蘇俄聖彼德堡的赫米塔吉（Hemitage）博物館留連不捨。這次放眼於我們的周秦漢唐的遺物中，才眞正體會出中國文化的悠久與古老了。

82年12月29日中央日報航空版

長安城的唐樂宮

當我一走近這所雄偉建築的門口，便被它壯麗燦爛的燈光吸引住了，尤其是大門上面「唐樂宮」三個字，寫得那麼蒼勁有力。而我腦子裡立刻浮動著白居易的長恨歌中的楊貴妃，還有：「後宮佳麗三千人，三千寵愛在一身」的詩句，眞令我有無限的遐思。

回西安三次，前兩次都未曾有機會觀賞唐樂宮的歌舞劇，因爲須在兩週之前訂票。而第三次回去，在臨走前夕，承省書記牟先生邀請，得有機會一償宿願。

我們一行六人，由陝西省政協副秘書長王先生陪同進入戲院，那時歌舞尙未開始，客人們正在用餐。那建築，那佈置，那客人們進餐的場面，尤其是那整個的氣氛，感覺上彷彿置身於巴黎的麗都夜總會。眞令我十分驚奇，一向保守固執的陝西鄉親，而今居然在經濟開放的風氣下有如此大手筆，爲了發展觀光事業，修建了這麼一座輝煌的歌舞廳，不但重整了長安歷經十一個皇朝往日的雄風，也爲華夏文化，尤其是唐代文化作了具體的見證。

常我們入座後，侍者送上飲料，那些男女侍者的服飾動作，一看便知是訓練有素。他們穿梭在客人中間，彬彬有禮。我瀏覽全場，幾乎百分之八十都是外國觀光客，老實說，當地人也買不起那一張價值三十美金的入場劵呀。

舞台上正在播放中國古典音樂，那悠揚的簫笛聲，勾起我多少思鄉的情懷。據說每晚表演兩場，我們觀賞的是第二場，八時半開始，十時結束，一共歷時一小時半，劇名爲「中國歷史唐代表演」，共分四幕演出：

第一幕：華清宮，這一幕是唐朝宮廷交響舞曲。把宮廷佈置得富麗堂皇，美輪美奐，皇帝皇后端坐上面，嬪妃們侍立兩旁，打扮得如花似玉的宮女們，不時穿梭來往，那輕盈的舞步，幽雅的樂聲，尤其是國樂中特有的簫、笛、胡琴、古琴等音韻，格外令人陶醉，也呈現出一片歌舞昇平的世界。

第二幕：這一幕包含了四種舞蹈：

㈠白紵舞——又稱吳舞，這個舞蹈是古時中國南方所流傳下來的，舞者身著銀白色之薄紗，頭帶的、手拿的，一片銀白。正如樂府詩集中所載：「質如輕雲色如銀，制以爲袍餘作巾，袍以光軀巾拂塵。」在璀璨的燈光下，純淨潔白得一塵不染，飄飄欲仙的舞姿，令觀衆爲之陶醉。

㈡龜茲舞——當年西域有個龜茲國，位於今之新疆境內，他們的舞流傳到唐代，亦為唐代舞蹈之一，舞者皆番邦打扮，其舞姿頗與今日之新疆舞相似。音樂較為強烈，令人振奮。

㈢大儺舞——驅除妖邪，一向為中國人所重視，此舞即為當時迎神、驅疫、避邪的舞蹈，所以排場很大，燈火通明，並配以強烈燈光。鑼鼓喧天，極其緊張刺激，彷彿魔鬼即在四周，必須驅逐淨盡而後快。

㈣霓裳羽衣舞——這是唐代最最有名的舞蹈，也是家喻戶曉的敍述唐明皇與楊貴妃風流艷史的舞蹈，舞者個個嬌艷如花，舞姿飄飄欲仙。傳說唐玄宗深信道教，一心夢想自己成仙去到月球與仙女相會。據唐逸史上載：「羅公遠多秘術，常與玄宗至月宮，仙女數百，皆素練霓衣，舞於廣庭，問其曲，曰：『霓裳羽衣。』帝默記其音調而還。次日召樂工，依其音調作霓裳羽衣曲。」而今，坐在唐樂宮裡的我們，不也享受到了這種驪宮高處入青雲，仙樂飄飄處處聞的境界嗎？

第三幕：春鶯婉轉——這一幕是樂器與舞蹈同時表演，其中還有男高音合唱，排簫和豎笛也與各種不同的雀鳥互相爭鳴，聲韻交織一片，顯得既熱鬧又和諧。

第四幕：踏歌舞——這是最後一幕，唐朝皇帝與皇后忽然由戲院後面通道上乘輿而來，馬上引起觀衆的喝采聲，而舞台上布景為中秋明月景色。他們走上舞台，與許多男女共舞。因爲盛唐時期，皇帝皇后與庶民同樂，表現出一片太平盛世的景象。

就在這台上台下一片歡聲雷動中，簾幕緩緩降下，結束了五場熱鬧非凡的歌舞場面。

散會後，唐樂宮的主持人××女士，出來招待我們參觀劇院的各部門。她侃侃而談，有企業家的風度。原來唐樂宮是個綜合性餐飲娛樂中心，由中國國際旅行社西安分社與香港高勇投資公司合作經營，期限爲十二年。

唐樂宮的外貌及室內裝飾佈置豪華古雅，不落俗套，加上最現代化的設施，並由香港專才管理，服務水準達到世界一流。此宮由很多部門組合而成，爲一多元化的中西式餐飲及娛樂場所。其中最特殊者應首推仿唐歌舞餐廳，該廳一次可容納六百位賓客進餐，同時還可欣賞由著名的陝西歌舞團演出的盛唐時期宮廷及民間文化藝術表演，從婀娜多姿敍述唐明皇與楊貴妃的「霓裳羽衣舞」，到唐太宗顯示軍力武功的「秦王破陣樂」，將中國傳統文化及舞台藝術，發揮得淋漓盡致。

至於菜譜，更是中西兼備，舉不勝舉，全部都由唐樂宮大廚師選擇的精美時令美食，如粵、湘、川、蘇各地皆精，並以沿海地區空運抵西安的新鮮海鮮供應品嚐；而東南亞地區如泰國、新加坡、越南、馬來西亞等地之美食亦應有盡有，其中也有陝西傳統特點的餃子宴。

在領略了唐樂宮的富麗堂皇後，臨走前也不能免俗的走到禮品店一看，陳列的東西極爲精美高雅，蒐羅了大江南北的珍品，卻都以美金交易。一條絲織彩繪圍巾，索價美金七十元，爲了不虛此行，買一條留作紀念吧。

83年12月23日青年副刊

酷暑炎夏登長城

五年前，一個炎炎夏日的九月天，我千辛萬苦的爬上了代表秦始皇苛政之一的萬里長城。

和文友合唱團一起到了北京，遊萬里長城是我們遊覽節目之一。那天炎陽高照，上午十一時我們來到了人潮洶湧的登長城的入口處，只見那兒懸掛著一個極爲醒目的高大招牌，上面寫著「不登長城非好漢」。不是嗎？如果不登長城便成了儒夫，誰又情願做個「儒夫」呢？

炎熱如焚的驕陽在頭頂上燃燒著，人人都是汗流浹背，就在這人擠人、人撞人的一層層的石階上都往上爬，而那石階經過多年風雨的剝蝕，並非平平整整，卻是高高低低，所幸兩邊各有一條極粗的鐵欄杆，使遊人抓著它向上爬，至少可省點氣力。但那被太陽曬得如同火棒似的鐵欄杆，抓到手裡也實在難以忍受啊！

爬到長城頂端要分四個坡段，每上一段坡便出現一個平台，平台上有小販，可以購買紀念品和飲料，也可使遊人稍作休息。放眼四望，錦繡河山盡收眼底，更可領略到萬里長城在遙遠蜿蜒曲折中的特殊風貌。我才爬到第一層，便花去了半個小時，而且覺得有點累了。很想攝影留個紀念，總算來過長城了。誰料時値暑假，全國甚至世界各地男女老幼，都湧到了北京，誰不想來一睹中國歷史上這一名勝古蹟呢？所以人山人海，摩肩接踵，連個照相的空隙都找不到。同行的小余對我說，我們再鼓起勇氣往上爬吧，上面可能人少一點。於是我鼓足餘勇，再向上爬，又費了半小時；到達第二個平台處，一看，哇！似乎人群更多、更擠了。不得已，只有夾在一堆人群中取個鏡頭算了；同時，我也拍攝了幾張宛如遊龍似的萬里長城的景致。此時我覺得體力已達到極限，不敢奢望再向上爬，便告別了小余，決定轉身打道回府。

這眞是我生平從未有過的一次可怕的經驗。當你往下走時，彷彿自己的身體被吸鐵石往下吸一般，有點不著地面的感覺，手中雖抓著鐵欄杆，但火燙般的鐵棒，又不敢抓得太久，只好像飛人似的往下墜落。若不是人群擁擠，有點阻擋之意，說不定我早就連滾帶爬的摔下長城了。這一趟登長城的非凡經驗，至今內心尚有餘悸。

今年爲對日抗戰勝利五十週年，全世界各地的中國人都爲此舉行熱烈的紀念會，最少不了的一個慶祝節目，便是演唱抗戰歌曲。其中「長城謠」最爲風行，也最膾炙人口，令人感動，人人能朗朗上口，不管是獨唱或團體合唱，都是百唱不厭，所以近月來隨時隨地都可聽到這首抗日愛國歌曲。它，不僅勾起了我抗戰時期的苦難歲月，也觸動了我五年前去登萬里長城的種種回憶。

84年10月3日青年日報

烽火燃起的地方

——蘆溝橋

近數月來，各種大衆傳播媒體，都在報導我國抗戰勝利五十週年紀念的種種情形。從電視上我看到中共當局，在蘆溝橋上舉行紀念活動，不禁讓我想起五年前憑弔這個中國人爲反抗日本帝國主義侵華而燃燒烽火之處的種種。

中日戰爭的正式戰事，是由民國二十六年七月七日蘆溝橋事變開始的。在此之前，我們中國人早已忍氣吞聲的遭受了日本人對東北各省的蠶食，怎料它還想鯨吞整個中國。七七蘆溝橋事變，是由日本人的挑釁所引起，而我們中國人在忍無可忍的狀態下，全國只有奮起抗戰，與日本鬼子作一場殊死戰爭。眞所謂「置之死地而後生」，這便是我們中國人對日抗戰時的最大決定，也是以「知其不可爲而爲之」的決心，所以才號召了全民總動員，展開了一場偉大的民族聖戰。

那同樣是個九月天，我隨團到了北京，就迫不及待的想去看看蘆溝橋上的石獅子，誰知遊覽節目上，並沒有這樣的安排。於是我熱心的聯絡了一批朋友一同前往。遠遠的便望見橋頭上高高豎立的一個石牌，上面刻著「蘆溝曉月」四個大字。看到它，一種莫名的感覺陡然襲上心頭。令我嚮往已久的石獅子，在橋上排成左右兩列，完整而壯觀，每個獅子都採半身蹲狀，姿態各異，看起來十分溫順可愛。我逐一摸著牠們光滑的頭，從橋的這一端，一直摸到那一端，一邊數著看究竟有多少個，但總是數不清。這時有人牽著一匹白馬走過來，是供遊客騎坐，賺取外快的，騎一次索價美金五元。於是我一躍上馬，昂然濶步的走過蘆溝橋。那時內心眞有說不出的興奮與得意。同來的朋友都爲我鼓掌，說我好勇敢、好威風。

蘆溝橋的四周，還是一幅鄉野景色，疏疏落落的農舍，散布在阡陌間，田中的禾苗，一片嫩綠，放眼四望，中國的錦繡山河，是如何的遼闊富庶，而蘆溝橋的一切，又是那麼寧靜安詳，日本人爲什麼選中這樣一個樸實的農村來挑釁呢？但，這也使它成爲中國人不顧生死，艱苦奮鬥，浴血抗戰了八年，才獲得勝利之後一個永遠值得紀念的地方。

84年10月15日青年日報

追憶風雪中的明州

近月來，寒流頻頻侵襲寶島，使人不時感到淒冷的況味。而每天由大衆媒體中傳來美國東海岸及中西部，遭受冰雪侵襲的狀況，更令我看了觸目驚心，尤其是報告中說，號稱美國大冰箱的明尼蘇達州，其溫度已降至攝氏零下四十七度。不禁令我憶起我曾在此冰箱中，度過了一整年的異國歲月。

記得是四十年前吧，我曾在明尼蘇達州州立大學教育學院進修，短短的一年中，卻給我生活中留下了永不磨滅的感受，尤其是在冬天，那種冰天雪地的情景，更令我畢生難忘。

我當初選擇到明尼蘇達大學進修的原因有三：第一、在臺灣居住了數年，從未嚐過北國隆冬的滋味，而我又生長在北方，很想去個較冷的地區，重溫一下大雪紛飛的北國情調。第二、那時我擔任中央民意代表，不願去太熱鬧的城市如紐約或華盛頓DC等地，避免熟人多，會打擾我的進修。第三、我有一位女友焦小姐的弟弟在明大讀書，她說他會照應我。到達明州是民國四十五年的九月初，可是當地人都穿上了厚重的冬裝，簡直就是臺灣的隆冬，樹木已露出光禿禿的枝椏，黃葉落遍大地，走在馬路上，只聽到腳踏落葉的沙沙聲，一片淒冷景象。

明尼蘇達州又叫雙子城（Twin city），是指聖保羅與米尼阿波利斯兩個城市，全州擁有一萬五千個大小湖泊，所以又叫多湖之州。該州人民熱愛戶外運動，各種球類、滑雪、冰釣、溜冰、冰上曲棍球……等，他們都不畏嚴寒，勇於參賽。明大學生，則不論是參加比賽或是去觀戰者，都十分踴躍，可是對我這來自亞熱帶的外國人，卻連去參觀的勇氣都沒有。

十月初，明州早是大雪紛飛的季節了。一天清晨起來要去學校，一走出大門，赫然發現道路兩旁的積雪就像兩堵白牆，只有中間一條鏟過雪的路，可以供人行走，房東則手執鐵鏟，還在不停的鏟雪。我全身都被厚重的冬裝包裹起來，走在雪地上，看見到處都是一片燦亮銀白，那時覺得好開心、好過癮。

明大校址在米尼阿波利斯，但它的附屬醫院不在校內，而是在一條街的對面，明大在街道上搭了一座陸橋，方便學生過街。有幾天我身體不舒服，同房的密斯陳要我先預約掛號，再去醫院看醫生。看病那天，仍是風雪連天，沒奈何我只有硬著頭皮走過陸橋到醫院，看完病回來又要過陸橋，大風居然把我吹倒在橋上了，那時沒有別人走過，好一會我才爬起來。回到宿舍我全身麻木僵硬，還不斷嘔吐，我想，這是身體敵不過寒氣所致，於是我趕快去浴室，放了一盆熱水，把自己浸泡在熱水中，足足有一個多小時，一邊坐在熱水中，一邊禁不住悲從中來，想起在臺灣的家；家中的丈夫和七歲的女兒，不知他們知不知道我此刻的遭遇，越想越傷心，哭了一陣子，覺得全身暖和了，心中也不難過了，這才爬起來。可是依然小病了兩天，才敢出門去上課。這個冬天，簡直把我嚇住了，而且時間又那麼長，一共有七個多月，都是在冰天雪地中度過。

到了次年五月，積雪雖漸漸融化，但在牆邊和林木間，仍有殘雪留存，偶然看見有一、兩棵小草由積雪中冒出一點青蔥的嫩芽，於是明州人都在大叫：「看哪，春天來了！」唉，對我這遠從臺灣來的異鄉人而言，五月不正是臺灣的初夏嗎？五月在明州，居然會大呼小叫的說：「春天來了。」

不過，明尼蘇達州，也有它可愛的一面，兩個城市各有特色。聖保羅保持著百年的建築，如深宅大院，還有維多利亞式的寬闊街道，展現出富有氣派的風貌。至於另一城市米尼阿波利斯，新建的摩天大廈，高聳入雲的數十層商業大樓，充滿著跨入世界大都會的企圖；在這些商業建築中，爲了適應每年有七個月的風雪時光，大樓和大樓之間，還建造了通道，並裝上透明的玻璃天橋，便於市民們能在無風無雪中穿越。

此外，還有一所美術館和一所現代美術館，收藏著世界各地的藝術品，充分展現出該州的文化氣息。

雙子城的居民，也非常友善，對待外國學生都自稱美國兄弟（American Brother），或美國姊妹（American Sister），這也是明大的一種制度，每位外國學生，初來校之前，都由學校安排一位在校的美國男女學生照拂，例如接機、報到，或尋找房子等。據說，該州居民大都是北歐移民，頗重視家庭親情，美國兄弟或美國姊妹的家庭，常常邀請外國學生到他家共度週末或節日，我的美國姊妹Miss Barbara Andersan，她一直照顧我，並與我保持聯繫，她已由當年二十歲的少女，變成了六十歲的婦人，她婚後連生三個男孩，都已長大成人，而當年熱誠招待過我的Andersan先生老夫婦，卻已作古多年了。

明州還有另一種歡迎外來旅遊者的表現，那就是他們每年過聖誕節之後，門上、樹上及牆上所掛的燈飾，一直要到兩、三個月之後才要拆除，他們說，掛起燈飾，表示歡迎客人之意。可見這一州的居民，是多麼熱誠而又好客啊！此種溫情，在這冰天雪地的環境中，就顯得格外的溫暖了。

85年3月17日青年日報

香港驚魂記

香港已經成爲中國的一個特區了，九十九年前割讓給英國的一塊中國土地，至今仍被英國人當成一顆閃亮鑽石的香港，已經歸還給中國人了。這使我們所有的中國人都感到非常高興；而令我特別高興的是，現在的香港人，都在拚命的學國語了（大陸叫普通話），從電視上看到，目前香港在正式或非正式場合，不分男女老幼，都在練習國語，因爲過去香港人只說廣東話，令外地人無法與他們溝通，假如去香港市面購物或辦事，不會說廣東話，就會吃虧上當。我本人對香港人不說國語，更感到特別的無奈，這是因爲我在香港發生過一椿因言語不通，而令我永遠難忘的事。

那已是四十多年前的事了，我在美進修完畢後曾環遊世界，歸途中順道去香港考察僑教，並探望昔日的大學同窗。

在香港停留的一週內，除了參觀考察便是購物，當時在香港大學有立法院同仁劉百閔委員（已故）在那兒執教，還有香港新亞書院的教務長唐君毅教授（已故），他就是我同窗的丈夫，都很熱心的陪我參觀大學和僑校，我的同學更陪著我各處購物；行程結束時，行李卻已太多，便接受他們的建議乘四川輪返臺。

離去的那天，他們一同到碼頭送我上船，我們一行正往船上走，經過一條通道時，忽然有一個高頭大馬的人，把我像老鷹抓小雞般的抓進了旁邊一個小黑屋裡。到裡面燈一亮，原來是一位貌似男人的廣東婦人，她對我說了一大堆的話，我卻一個字也聽不懂，我只說你要幹什麼？她也不懂，只是動手來脫我的衣服，我想到這是要搜身，只有由她去搜，在我內衣裡裝有兩千元美金，也被她拿了去，我要她還我，她也不理，繼續搜身，搜過後，我穿好衣服，又向她要我的美金，這時她勉強還我，口中嘟嘟噥噥的不知說了些什麼，我表示我要出去，她一打開門，我便衝了出去，迎面看見唐教授，他說怎麼不見你了，那女人又跟了過來，對他們說了些我聽不懂的話。結果劉百閔委員給了她十元港幣她才走，我問他們這是怎麼一回事，劉委員說：「那個女人看你是外來的，以爲你身上帶有黃金，她是專門搜身的看你有沒有帶黃金，最後還要你給她小費，你卻沒有給她，所以她跟你出來討飲茶錢，我給了她十元港幣，就算了事。」

我從來不知道香港不准人帶出黃金的事，加之言語不通，簡直嚇得我以爲被綁票了，至今回想起來還心有餘悸。這都是因語言不通造成的後果。而今中共接收了香港，不論別的方面是好是壞，只要香港人都講國語，方便言語的溝通，這將會免去多少不必要的糾紛。否則，吵嘴打架，都會因言語不通，無法互相了解，情感無法交流，而造成在所難免的憾事。

86年7月21日青年日報

大陸上海之行

——海峽兩岸文教交流散記

一、會議始末

近年來，對促進海峽兩岸人民之了解所做的努力，卻因種種原因一天天降溫。但民間有心人士，仍覺得文教與經濟交流，應繼續維持，以增進雙方人民的接觸與互動，因此才促成「海峽兩岸嬰幼兒人格建構學術研討會」的召開。

這個研討會，是由海峽兩岸的大學教授所發起，以大陸上海東南師範大學教育系，和我國臺灣師範大學教育系的教授爲主，開會地點在上海，費時一週，從一九九六年九月十四日至二十一日。臺灣參加人員共十人，而大陸方面則有一百餘人參加，共來自各省各地如四川、東北、陝西、天津、北京、南京……等三十四所大學，與會者齊集上海東南師範大學，眞是盛況空前。

臺灣方面的與會學者，以國立臺灣師範大學教育系教授瞿立鶴爲首，他也是「臺灣嬰幼兒人格建構基金會」的副董事長兼秘書長（原董事長爲已故教育家沈亦珍博士）。此一會議的促成，是由瞿教授事前與上海東南師範大學有關方面接洽，並共同籌劃。我們十人中，包括臺灣師範大學前校長梁尙勇先生（現任監察委員）、師大教育系教授熊慧英和潘慧玲兩位女士、靜宜大學教授邱志鵬、奎山中學研發室副主任林信昌、兒童文學作家趙國瑞，以及基金會兩位秘書李美華與陳月珍和我本人組成。九月十四日上午七時至桃園機場，九時半飛往香港，但抵港後須等待三小時半始有飛機去上海，預估在下午六時左右可以抵達，隨即參加當晚東南師大所舉行的歡迎酒會。

天有不測風雨，誰料在由香港飛滬的前一刻鐘，忽來狂風暴雨，飛機無法起飛，一直等到風停雨止後，已延誤了兩個多小時，飛抵上海已是晚上八時半了，接機的東南師大師生們枯候了兩個多小時，晚上的歡迎酒會不得不因此取消。下機後我們便驅車直赴東南師大的招待所紅樓休息。可是校方仍在夜間十點半，爲我們準備了極爲豐盛而又正式的晚宴接風，其盛情實在可感。

上海東南師範大學，是由早年的聖約翰大學、大夏大學和滬江大學三校合併而成，校址非常廣闊而幽美，垂柳夾道，蓊鬱成林，花圃荷塘，美景處處，而歡迎我們的大紅布條，高高懸掛在大樹間，眞是充分表現出教育界的本色與熱忱。

次日，九月十五日上午九時，大會在東南師範大學逸夫樓舉行，由該校副校長（

校長因公赴外地）王建磐博士和我方瞿立鶴教授共同主持。與會者以女性居多，大家見面彷彿一見如故，彼此寒暄問好，沒有一點隔閡，大概這就是教育界的風範吧。

大會一共提出了三十六篇論文，我方提出六篇，大陸提出三十篇，均已由大陸付梓，以供大會討論。開幕典禮過後，便在會場外全體攝影留念，稍事休息，即開始報告論文；事前排定，一位臺灣人士，一位大陸人士，交替報告，而我便被安排在第一位臺灣論文的報告人，由梁尙勇校長爲引言人。我的論文題目是「家庭是嬰幼兒人格建構的基石」，約六千字，費時五十分鐘。報告完畢，接著便是華東師範大學教育系副教授閆水金女士報告，題目是「獨生子女人格特徵與教育對策」。兩篇論文報告完畢，已到中午十二時，便至另一大廳用餐，席開二十餘桌，杯觥交錯，好不熱鬧。

午飯後，又是另一組上場報告，先由臺灣師範大學教授熊慧英女士報告，題目是「中國模式——幼兒教育與人格建構」。接著是大陸的上海市教育研究室幹部吳積靜女士報告，題目是「上海幼兒園課程改革與幼兒人格培養的實踐探索」。

就這樣一連三天，一直到十七日下午舉行閉幕典禮，在典禮上，頒發「榮譽證」給提出論文的學者。散會後，接著又讓來自臺灣的我們，參觀上海市名勝「東方明珠塔」。該塔造型頗爲奇特，三根圓柱，支撐著三個大中小球體直衝雲霄，共有六部電梯，一部電梯一次可容納五十人上下，到達最高層，可將上海市區一覽無遺，市區被揚子江圍繞著，更有另一番風光。此塔號稱是亞洲第一、世界第三的高塔。

當晚，又去觀賞上海市夜景，但我那晚要與我濶別了五十四年的大學同學會面，因此放棄了夜遊上海市的機會。

二、參觀上海市實驗幼兒院

一天上午，大會安排參觀上海市實驗幼兒園。據介紹，此園是全國最著名而又被各地幼教機構經常來觀摩的最佳幼兒園。當我們一走進門，便看到一幅標語：「跨世紀的優秀人才，從這裡起飛」。園地非常寬廣，院中花木扶疏，一條約數丈長的走廊頂上，全被紫紅色的九重葛覆蓋，綠葉紅花，陰涼無比，一看便令人精神為之一振。而幼兒遊樂的設施，應有盡有，供幼兒玩耍的方式和場地，更是多采多姿，比方為幼兒預備學習拳擊的軟布袋，一排排掛在院中，任幼兒隨時去打，五、六歲的幼兒，可在一長排的噴水池邊玩水，養成他們學習游泳前的準備，許多活動，都與體育項目有關。據說政府還設有兒童體育學校，從五歲開始入學，接受各種體育基本訓練。難怪在歷屆世界奧運會上，大陸選手頻頻得到金牌，實非偶然。

參觀過園內的設施與幼兒作息之後，就到大禮堂觀賞表演活動。小朋友們在台上報幕並致歡迎詞，個個口齒清晰，有條有理，我便問旁邊一位老師：「小孩子怎麼這樣會講話呢？」她告訴我：「我們教育兒童，第一個目標是訓練『說話』，讓他們講話不怯場，又流利，詞能達意。」怪不得小小年紀，就如此能言善道。

小朋友跳了舞，又表演了好幾齣平劇，生旦淨丑每個角色都有，動作唱腔，一看便知平時訓練有素，否則，怎會有如此生動的演出呢？我坐在前面，不停的拍下他們的劇照。

觀賞了兩個小時，已到午飯時間，就在該園用餐。飯後又回到東南師大去參加小組討論會了。

三、蘇杭之遊

「上有天堂，下有蘇杭」，這是中國人耳熟能詳的話，蘇杭之美，美在多「水」，蘇州的湖泊縱橫，杭州西湖更是名聞遐邇，何況還有那貫串蘇杭一帶的運河，可謂水鄉澤國，眞叫我這生長在缺乏江河大海的西北人羨慕不止。

其實遊歷蘇杭這並非首次，但這次興緻特濃。在蘇州遊玩一整天，拙政園、留園、獅子林和虎丘等地最吸引遊客，拙政園內，亭台廻廊，假山、荷塘，處處古意盎然，虎丘山上岩壑奇特，風景秀麗，名勝古蹟頗多，神話傳說紛紜，享有吳中第一名勝之譽。不過虎丘上上下下頗覺累人，所以熊教授和我曾乘一輛雙人花轎上山，還被同行者引爲笑談。

虎丘內一面牆壁上，畫著大幅的名人半身像，凡是與蘇州有關的聞人都身列其中，如唐伯虎、文徵明、白居易、張繼、西施……等。接著又去寒山寺，有人在那裡敲鐘，聽到鐘聲，並看見泊在附近河邊的一葉小舟，令人猶然憶起張繼的「楓橋夜泊」，「……姑蘇城外寒山寺，夜半鐘聲到客船」的詩句。

次日一早，又去杭州。杭州的名勝也特別多，例如靈隱寺、六合塔、錢江大橋、岳王廟等。精忠報國的岳飛，便葬在廟後。到了岳王廟，一走進大門口，便見兩邊有一對鐵鑄的男女跪在地上，即爲秦檜夫婦。兩邊還有副對聯，上聯寫著「青山有幸埋忠骨」，下聯是「白鐵無辜鑄佞臣」，充分顯示出褒貶之意。

岳王廟建築的非常雄偉，除過一座岳飛龐大英武的塑像豎立在正廳之外，四壁畫滿了有關岳飛生平事蹟，如岳母刺字、岳飛禦敵、精忠報國、還我河山……等，把這位民族英雄一生的功勳，用壁畫呈現在觀衆眼前。

來到杭州免不了要遊西湖，我們乘上西子舫，遍遊西湖各處。一路上，導遊隨時指點，船行到一處，他手一指便說前面是蘇堤，再走一會兒轉個彎，他又說那邊就是斷橋，還有雷峰夕照，平湖秋月……導遊背誦如流。到了三潭印月，他終於讓我們下船拍照了，因爲在那岸上豎立了一塊「三潭印月」的大石牌坊。

黃昏了，便到杭州著名的樓外樓飯店晚餐。該飯店居高臨下，面對西湖，夜晚的湖水被薄霧籠罩，漁帆點點，更現出西湖的朦朧之美。樓外樓的名菜如醋溜黃魚、東坡肉、叫化子雞……等，都是該店膾炙人口的招牌菜，美食佳餚，讓人大飽口福。

當晚夜宿杭州國際大旅館，該館爲五星級飯店，建築得金壁輝煌，內外一切設備絕不亞於任何第一流旅館；六年前我來杭州時，彷彿尙無此旅館。

次日的行程，主要的是參觀浙江大學，校方本安排專人接待我們參觀，但因時間緊迫，校園又大，所以還是坐在車中遊覽校園。看著一棟棟高大的建築，圍繞在綠樹花圃之中，如此幽美壯麗的校園，實在是青年人讀書進修的好地方。

我們全團由滬飛港轉回臺北，是九月二十一日，到了香港，偏偏又遇上大雨，一直躭擱到晚八時才上飛機，抵達桃園機場時已夜間十時半了。海峽兩岸不能直航，對旅客而言，實在消耗了不少無謂的精力和時間啊！

四、會後觀感

此次上海之行，給我留下數點不可磨滅的印象：

第一，海峽兩岸的人民，不去談意識形態，在討論教育問題時，尤其是有關兒童教育問題，彼此彷彿都有相同的看法。

第二，大陸對各級教育都很重視，尤其對學前教育看得非常重要，所以這次大陸方面所提出的論文，許多篇都是對幼兒的實驗、調查、研究方面的報告，內容亦很精闢充實。不過其中也有一兩篇論文，對毛澤東思想與史達林主義也相當推崇。

第三，大陸教育界人士，大半都年輕好學，而且都具有高學歷。爲我們服務的男女研究生，都是正在攻讀碩、博士學位者；他們都很年輕，而且把追求較高學位看得非常重要。

第四，大陸上各級教育，有個開源之道，即政府讓學校自行籌募校務基金，因政府經費只及半數，假如校址寬大，又能與家長合作，可利用校地開商店、設旅館，以出租所得補貼學校，甚至開貿易公司，爲學校開闢財源，並可改善教師的待遇，因多數教師，全靠兼差維生。

總之，海峽兩岸人士，能互相觀摩，交換意見，才能增進彼此的了解，更可藉此互相學習，增長見聞。這似乎是今後兩岸人民應該走的一條和平交流的大道吧。

86年11月今日中國雜誌

愛的禮物

——一枚別針

姪女因公從美國來臺，爲我帶來大女兒立禮送我的一枚扣針。聖誕節快到了，這是一份愛的禮物。

我愛鳥，立禮送我的恰巧是一隻俊俏的鸚鵡。只從盒子外表上看，就顯得那麼精緻，打開一看，金嘴紅頸綠身軀，全身網上金線羽毛，頸部是用白色小亮珠鑲成，其中嵌著一顆又紅又大的眼珠，看起來格外有神。長長的尾巴分三段著色，一段嫣紅，一段翠綠，尾末端是金色上面嵌著許多小水鑽，顯得十分華麗。帶在黑色外衣上，更會襯托出其姿色不凡。

回憶起這多年來，我的衣著大半都是立禮爲我從美國帶來的，朋友們都說質料好，花色雅緻，立禮也說：「我買給媽的衣料在臺灣可能找不到第二件。」眞的，我從未看到別人穿上和我相同花色與式樣的服裝。

大女兒性情活潑，極富藝術氣質，她不僅對穿帶及身邊用品相當重視，也頗具慧眼。在她於加州大學獲得文學博士後，留美教授大學中美文學的數十年內，對於中國文化的宣揚更是不遺餘力。比方在一九九六年中國新年時，她爲美國洛杉磯市立學院，籌劃慶祝中國新年的聯歡大會，其中有精采的中國多種民族服裝秀和傳統武術功夫的表演，立禮又於演出同時，介紹中國各民族的歷史，受到各族裔學生的熱烈歡迎。出席聯歡會的洛杉磯社區學院院長羅貝多，還致詞祝賀中國同學會的成立，並感謝張立禮博士籌劃了這一台精采的節目，使全院的師生得以共享多元文化的財富。

立禮也在洛杉磯創辦了一所名爲「中山中文學校」，爲旅美華人子女謀求學習中文的機會。她對子女的中文教育極爲重視，曾帶領一子一女回臺上小學，爲他們的中文打下基礎。當她在美國大學拿到教授永久聘書（Tenure）之後，應國立政治大學之邀回臺任教三年，頗受學生的愛戴。

我常在心中對自己說：就讓我「有女萬事足」吧。

86年1月6日青年日報

兒童第一

一九九〇年九月，加拿大、埃及、巴基斯坦、馬利、墨西哥及瑞典六國，發起「第一屆世界兒童高峯會議」，在紐約舉行。大會所標榜的目標之一是「兒童第一」，因爲第三世界多數國家，每年國家預算收入，幾乎有四分之一的經費都被拿去償還外債，因此要在學校、醫院、食物補給、家庭計畫、自來水及衛生設施等種種民生必需品上減少支出，這麼一來，便會直接影響到兒童的生長與發展。事實上，任何國家，不管處於美好或艱困時期，都應給予兒童第一優先的關懷與照顧。

每一個兒童的生存、營養、健康，和教育，均不能以國家的安定與否爲藉口而受到疏忽。假如「兒童第一」的原則確立，並且廣爲推行，公元兩千年時，世界兒童的疾病、營養不良和死亡將減少一半以上。給予兒童生存與保護的援助，不僅是爲了「人權」的理由，也是經濟發展和環境保護的最佳投資。

我們看了世界兒童高峯會議所推行的目標，再來與我們中華民國的社會情況加以對照，我們的兒童福利如果要強調「兒童第一」，是否也能依據上面那些理由呢？兩相比較，我們的兒童福利，與其他國家的訴求大不相同，因爲我們的國家不但不貧窮，而是十分富裕；我們的國家不但不負債，還時常「經援」別國。

可是我們是否把「兒童」置於「第一」呢？答案卻是否定的，因爲我們的社會福利政策和制度至今尙未明確建立。而且，兒童福利法雖然公布至今快滿二十年，第一次修訂業已於本年二月明令公布，並設置專責機構如兒童局，但是目前對於虐待兒童、販賣兒童、猥褻兒童、兒童失蹤等惡風仍無法遏止。

由於民主風尙，人們重視選票，兒童是未達成年的族群，無選票便被成了「弱勢」的一群，不僅不是「第一」，還備受疏忽。所以我們不能不在此呼籲，我們的兒童福利政策也應該朝向「兒童第一」的方向發展。目前我們急需要做的是：

一、從速依法在中央成立兒童局，使兒童福利業務落實。

二、保護兒童的安全，莫讓他們生活在恐懼之中。

三、防止兒童失蹤或被販賣。

四、充分供應托育場所。目前社會已經進入工商業時代，托育服務需求孔急，國家應該充分設置機構，以使城鄉各地區幼兒都獲得充分照顧，減輕職業婦女的負擔。

五、培養幼教優良師資。目前各公私立托育機構，均感優良教師不足，而政府目前又不太重視培養幼教人才。如果重視兒童，把兒童置於第一位，培養優良幼教師資實在刻不容緩。

「兒童第一」，雖然因爲各國國情不同而訴求有別，但是爲兒童謀求福祉的宗旨中外卻是一致的。我們贊成「兒童第一」的主張，也期待種種兒童福利法規早日通過立法並能落實。

82年3月31日國語日報

交通安全自小起

一個國家文明與否，端視她的人民能不能守法或守秩序。僅以遵守交通規則來說，這是維護社會公益，顧念群體大衆福利的事。但目前在臺灣有些駕車的人，不管是大車、小車或摩托車，總是喜歡爭先恐後，橫衝直撞，因此不知造成了多少無辜的受害者或犧牲者。想不到號稱五千年禮儀之邦的中華民國，居然在交通上給來觀光的國際人士們，留下了一個十分混亂與難以救藥的印象。難道我們國家的文明眞是每下愈況嗎？

只要我們每天打開報紙，或者在馬路上稍微留心一下，那些觸目驚心的交通事故，總會出現在眼前。無辜的受害者天天都有，其中以機車肇事者居多（東南亞各國均少用機車）。難道我們主管交通的機構，就讓這種一塌糊塗，或無法救藥的交通現象繼續混亂下去嗎？難道讓橫行霸道的機車騎士無孔不入，繼續來傷害無辜的行人嗎？

我們今天駕駛車輛的人，大概是從小腦子裡不曾有過「注意交通安全」的觀念，因此長大以後，當他們學會駕駛車輛時，只想到如何能走得快，走得暢通無阻。許多車禍的發生，都是由於「走得快」。「十次車禍九次快」，這是我們警告駕車者的大標示，然而事到臨頭，因快而發生車禍的慘劇，每天仍在繼續不斷的上演。最近我因被摩托車撞傷，受了數月的苦難，更覺得交通安全，對於每個人是多麼的重要。

去夏赴美參加一個國際會議，曾參觀了一所小學，在一年級的教室裡，掛滿了幼兒的手工和繪畫，教室內簡直是一個彩色繽紛的天地。我發現在講堂的正前方，貼了一張很大的白色紙張，上面有圖畫、人物，也有文字。畫的是馬路上的十字路口，豎立了一個紅、黃、綠三色的交通大柱，旁邊寫著一首兒歌，大意是：

紅燈，紅燈，
你說什麼？
我說停住，立刻停住。
黃燈，黃燈，
你是什麼意思？
我要你等待，直到變爲綠燈。
綠燈，綠燈，

你說什麼？

我說通過，但先看清兩邊。

該教室的老師看我很注意，手中又在抄寫，她便走過來對我說：「這是一首兒歌，每天都教幼兒唱上好幾遍，讓他們自小記住穿過馬路時的規則。」我對她笑笑說：「很好。」

我對美國從小學一年級起便重視交通規則的作法十分佩服，儘管美國仍是車禍頻繁，但他們對交通安全從幼兒起便在盡力教導。所謂習慣成自然，如果自小便給幼兒腦子裏灌輸交通規則，等他們長大以後，自然就會遵守。因爲腦海裏已有了這個固定的觀念。其實在我們國民小學「倫理與生活」一科中，都包涵有遵守交通規則的教材，爲什麼我們的國民長大以後，仍是把「知」與「行」不能合而爲一呢？是不是因爲我們書本上的交通安全教育太教條化了，反使他們不去注意，如果也是朗朗上口的兒歌，就能記得牢固呢？當然還須靠父母以身作則，而教師們每天的耳提面命，讓孩子們耳濡目染的在行爲上養成遵守交通規則的習慣，等他們逐漸長大，或許就會了解交通安全對人們的重要性了。

74年5月27日中央日報

虎毒不食子？

我是一個最喜歡兒童、關懷兒童，並隨時隨地都注意兒童問題的人。閱八月二十四日中華日報載：「不會背誦數學上的『九九乘法』，受繼父責備，感自慚，國小八歲學童自殺。」看後使我震驚、惋惜和感嘆。我在想，目前社會上不知有多少成人作奸犯科，做了多少恬不知恥的壞事，他們卻要想盡辦法，苟延殘喘於世，為什麼他們不去「感自慚」而自殺呢？為什麼一個剛發芽的嫩苗，尚不懂人生為何，就要去厭世自殺呢？這位繼父是望子成龍心切，還是國小教育有什麼缺失，還是……才釀成這一悲劇？的確，令我為這個小男孩的死，唉聲嘆氣了好一陣子。

次日又見報載，由於檢察官懷疑，八歲男孩自殺，令人感到不可思議，認為該男孩是否有他殺嫌疑，於是驗屍，結果發現死者頸部有掐印，原來是死者繼父，因男孩言語頂撞，一時氣憤而被掐死，兇嫌恐行為敗露，乃故佈疑陣，以二條皮帶打結，懸掛於門楣上，讓人誤認係上吊自殺而死。此繼父眞是心狠手辣，毫無人性。行兇之後竟無一絲悔意，反而推託責任，眞是惡性重大，爲天理國法所不容。

近年來，社會上常常發生虐待、拐騙、綁票、殺害……兒童的不幸事件，許多兒童福利機構，都隨時在座談、討論、研究這一類的問題，可是不曾見到司法單位，對於這些傷害兒童的案件，有什麼顯明而立即的處置，讓社會上一般人士，了解政府是如何的重視兒童的安危與保護。這實在是令筆者百思不得其解的一件事。

根據八十二年一月立法院修正後的兒童福利法來看，全案五十四條中，還找不出虐待兒童致死的罰則，就在「保護」一章中，也未提及兒童因被虐待致死的條文，可見這種慘無人道肆虐兒童的惡行，已出乎常理之外了。這位殺子之父雖係繼父，但亦屬殘暴之徒，他居然創下虎毒食子的惡例，國法能不立即嚴加懲處嗎⁉

82年11月中華日報

遙寄遠方友人

朋友：

在人們歡度聖誕和新年的氣氛中，接到了妳萬里之外的來函，閱罷，使我也有點茫然了。

信中說：「……自我放逐已近三年，但無一日忘懷國內友人對我的關懷，每逢佳節，倍感思念，怎奈身處異邦，相距萬里，生活極爲不便，自身既不會開車，又無公車代步，更無醫療保險，深感痛苦。但國是日非，社會動亂，每閱國內報紙，滿篇不是貪贓妄法，便是黑道横行、撕票勒索、殺人劫財，無日無之，看得我不寒而慄。社會混亂到如此地步，人民生活那有安全感，這便是我亡命天涯的主要原因。可是懷鄉愛國之情，常浮現於夢魂之中，奈何奈何……。」

妳對目前國家社會的感受既惡劣又依戀，而生活在國內的我們，又何嘗沒有這樣的感覺呢!?

自從解嚴以來，社會各方都呈現出多元化的面貌，演變至今，國家的「民主」與「法治」，似乎尚未步入常規，朝野上下，能無抱怨者幾希。然而國家興亡，匹夫有責，誰又能只隔岸觀火，而不善盡應負之責呢？自從國內發生了幾樁殺人事件，政府至今尚未能一一偵破，人們更覺生活在惴惴不安之中。至於社會百態，都有一種杯弓蛇影之感。這種現象，誰不想逃避或出走了事，就像妳一樣有「亡命天涯」的打算。但回想一想，別處再好，究竟是別人的天下，走遍全世界，中國人還是中國人，中國人的國家豈能容許它永遠亂下去嗎？我想，大多數的中國人都有這種想法，我們只有祈求今日領導國家的政府各級官員，把撥亂反正、治理公務放在第一位，讓目前那些巧取豪奪、官商勾結的現象絕跡，而轉變為一個明辨是非、伸張正義的社會；也盼「亡命天涯」的遊子們，早日回到四季如春的寶島臺灣吧。

87年3月19日臺灣新生報

全民健保實施前夕素描

最近忽然牙疼起來，便以電話預約掛號三總的牙科，誰料剛好碰上二月二十八日，那是全民健保實施（三月一日）的前一天。

一走進醫院門口，使我大吃一驚，幾乎走不進去，掛號的人站到大門口了。放眼望去，前面排了八行，每行都是滿滿的，我趕快站在第四行的排尾。從前面數下來，共有二十五人，我算第二十六名，不到三分鐘，回頭一看，哇，後面又續了十位，眞是壯觀。有點想撤退不掛了，但牙疼又不能延誤，只好硬著頭皮罰自己站下去。

等了足足一個多鐘頭，終於輪到我了，掛上號，去到二樓候診室，從走廊上往下一看，那眞叫萬頭鑽動，站無虛席，比過年前菜市場還擁擠。有的背著小孩，有的拖著兒女，還有坐輪椅的，撐拐杖的，各色人等，擠得水洩不通。爲什麼今天有這麼多人前仆後繼，源源不絕的來排隊呢？旁邊有幾位記者先生，爭先恐後的來拍攝樓下的人群，想是爲了搶這罕見的鏡頭吧！

全民健保本是對全體國民的一種良好措施，尤其對尚有九百多萬不在保險體系之內的人，可以得到妥善的醫療照顧。據報載，至今全世界實施的也不過才六個國家，而我國能在此時實施，足證政府重視全民的福祉，更照顧低收入者，是一件了不起的善舉。可是由於準備的不夠充分，加之相關法令欠缺，資料不足，人手不夠，尤其是宣導不力，不但地方政府難以適從，就是投保者本人也是一頭霧水，搞不清從前的公農勞保，與今日的全民健保之間有什麼關聯，或有什麼不同，只覺得今後的掛號費增加了，看病要自付若干費用。由於怕吃虧的心理作祟，所以才不管有病無病，先搭上現有公農勞保險免費就醫的最後班車，跑來死擠活擠的掛號看病。這不能不怪政府事前對全民健保的宣傳，與各種解釋不夠詳盡透徹，才形成在健保實施前夕，造成了一窩風的亂象，也造成了許多令人捧腹的笑話，使此良法美意大打折扣。

眞正到了三月一日，各公私立醫院卻變成門可羅雀，與先一日形成了強烈的對比，因爲許多人都未拿到全民健保卡，於是人群又湧向發卡的機關去了。眞所謂凡事「豫則立不豫則廢」。目前政府應趕快把全民健保的良法美意，利用各種媒體好好做一番詳盡的宣導，使人人心安，才能使健保推行順利。

84年3月30日青年日報

排遣閒暇流露眞情

人生許多活動都是由興趣而產生的，寫作也不例外。

自小喜愛閱讀課外讀物，昔日在北平燕京大學讀書的兩位表哥，常常寄來各種兒童讀物給我們姊妹們，其中一本冰心女士的《寄小讀者》，看得我眞有些入迷，常常夢想，什麼時候我才能看到海，去欣賞那海上風光，因爲我家鄉沒有海。

上了初中，也愛寫日記，作文常被老師在課堂上稱讚。記得初三寫了一篇「小紅」的作文，是描寫鄰居一位被虐待的丫頭最後死去，被老師拿去在當地小報上發表了，因爲他是那家報社的編輯。從此使我對寫作發生了莫大的興趣。

讀高中二年級時，遇到一位燕京外文系畢業的級任導師，有一次他出了一個作文題目是「我的志願」，於是我便堂而皇之的寫出希望將來做個文學家（那時候不叫作家）。

一天，我去級任老師房間裡拿班上的日記本，他對我說：「我看到你的志願是將來想當個文學家。我想給你提個建議，文學家的生活很清苦，當年我在北平讀書時，看到許多寫文章的人，他們大半都窮途潦倒，要想出名很不容易，我勸你將來高中畢業後，去投考北平師範大學，畢業後有個可靠的職業，課餘還是可以寫文章的。」

經老師這麼一指點，我眞的躊躇起來了，因爲那是一個女子爭取自由平等解放，和經濟獨立的時代，如果經濟不能獨立，謀生有了困難，還能談什麼自由平等解放？後來我眞的接受了老師的建議，高中畢業後考入了西北聯合大學師範學院（即戰前的北平師大）。

從此，我成了教育界的一名園丁，一直都未曾離開過教育崗位，過了數十年的教書生涯；不過在公餘之暇，仍舊不忘情於寫作，寫了一些所思所感的作品。那是興趣，也算是排遣閒暇。

說是排遣閒暇一點也不假，人總要有個嗜好吧，而我既不會打牌，又不愛看電視，串門子、玩股票之類也都不感興趣。公餘除了閱讀之外，免不了提筆寫寫自己的見聞，這也是我唯一的嗜好與唯一的興趣。

寫作與投稿是密不可分的，文章寫成寄出去後總希望能早點發表出來，那是每個投稿人的殷切盼望，一旦看見了自己的文章在報上出現，那份喜悅眞是無法形容，像是發現了寶貝，也像是遇見了久別重逢的知音，更像是捧著一個初生的小寶寶。儘管它的內容不見得十全十美，但自己總是奉獻了最大的心力去創造它、欣賞它。

可是，投稿也並非百發百中的，退稿的滋味還眞是苦澀呢。雖然這種遭遇我不常碰到，但也經歷過一、兩次。不過我並不氣餒，也沒有因此失去信心，反而自寬自慰的想，大概是不適合它目前的要求吧，於是便投給另一家報社，就這樣終於被採用了，也讓我增添了繼續投稿的勇氣。

而今，自己是無職一身輕的老人了，別的事物似乎不太熱中，但對寫作這一行，彷彿還是有些不捨，而那份閒適恬淡的情愫，正好放在閱讀和寫作上，往日有些中外名著無暇閱讀的，現在正有機會再去瀏覽一番，尤其是每天幾份報紙的副刊，翻了又翻，看了又看，如遇到熟識朋友的作品，更要興高采烈的去欣賞它，彷彿和他（她）們對談一樣，眞是達到了心靈溝通，意見交流的地步。

寫作的樂趣多多，只要不太計較得失，不去沽名釣譽，讓自己的情感有個出路，讓自己的意見能夠表達，把自己的心聲傳達給別人。不虛假、不做作，既沒有違心之論，又何妨眞情流露，這豈不就是樂在其中嗎!?

84年6月11日臺灣新生報

尋夫記

遠從臺中來的兩位陌生客人王先生夫婦，突如其來的到了我家，請進屋坐定後，王先生拿出一封從天津寄來的信遞給我。

看後，才知道是一年多前一位同鄉，從天津來信，向我打聽他一位親戚的下落，因爲他那位親戚在臺灣與我在同一機關做事，希望在四十年的隔離後，能從我這兒得到一點訊息。其實，我於一年前就把他所找的人地址寄去天津了。

今天來的這位不速之客，原來是被找的人妻子的表弟，他對我說：

「我今天來拜訪的太冒昧了，但又不得不來打擾您。多謝您一年前把我那位表姊夫的地址寄去了天津，但我表姊一年內寫來臺灣多少封信，都杳無回音，表姊懷疑表姊夫可能再婚了。因爲他們分別四十多年，雙方均無聯絡，所以我不便直接去表姊夫家，只有先來打聽一下，探問個究竟。」「他是和我同事，我知道他在臺灣有太太和子女，家庭很美滿，恐怕已有第三代了。但我卻從未聽說他在大陸上還有妻子。他們夫婦我也熟識，不過現在大家都退休了，所以很少見面。」我說這話時，心中不免有點躊躇，可是又不得不實話實說。同時我也暗暗佩服這位王先生，不去直接找他表姊夫，免得見面後大家尷尬。

王先生聽完我的話，面部不免略顯失望和憂慮之色，他又對我說：

「當年，大陸剛淪陷時，我表姊正在浙江金華大學教書，表姊夫任職南京中樞，不料大陸撤退太快，由於交通困難，一時無法會合，表姊夫便跟隨政府輾轉來臺，等到中共當權後，便要清算我的表姊，她為了自保，不得不聲明她已與丈夫脫離關係，從此雙方隔絕，一過便是四十餘年。現在海峽兩岸來往頻繁，表姊已七十多歲了，而且已經中風，躺在醫院裡行動很困難，所以一直到處打聽表姊夫的行蹤，希望能夠聯絡得上。幸而有您的幫助，才知道了他在臺地址，但一年多寫了無數封信，卻無回音，因此表姊一再託我要親來臺北走一趟，打聽一下以明眞象。現在表姊夫既已再婚，而且已是子孫滿堂，我也不必再去找他了。以免引起他們現在家庭生活的不安，同時對我表姊來說，也毫無補益。既然今天得到了確實情況，我也只好寫信去勸慰我的表姊，讓她不要再作什麼團圓的美夢。這畢竟是四十年隔離後，造成的家庭悲劇啊，能怪誰呢!?」

王先生雖然失望，這一席話卻說的通情達理，讓我聽了也很感動，於是我順著他的話說：

「您說得很對，這是時代造成的家庭悲劇，既然現在您表姊夫另組織了家庭，找到他也於事無補，只有增加他心裡的負擔，說不定還會引起他現在家庭的糾紛呢。」

但是，看著王先生低頭沉思，一語不發，又讓我於心不忍，便對他說：「事到如今，這也是預料不到的；不過我可以對您說，假如我有機會見到您表姊夫，我可以把您表姊在大陸上的遭遇告訴他，如果他不覺得爲難，希望他能爲您表姊寫封信，以了卻她多年來等待的心願。」

「那太好了，太好了，謝謝您！」王先生臉上充滿了笑意。

送走了客人，我繞室徘徊，凝望著窗外陰霾的天空和霏霏細雨，心情不免和天候一樣的沉重。想到王先生表姊的遭遇，目前在臺灣發生的太多、太普遍了，「萬里尋夫」的故事，幾乎天天都在上演，有時雙方僵持不下，鬧得雞犬不寧，或者兩敗俱傷。尤其是人死後，雙方爲了爭奪遺產，到法院去打官司的也是常有的事。唉！中國，一個地大物博卻又是個多災多難的國家，生活在這個國度裡的人，誰都免不了要遭受一些困苦與磨難。昔日軍閥混戰，繼之日軍入侵，天災人禍接二連三，凡七十歲以上的人，那個又能夠幸免呢？但願未來的廿一世紀裡，中國，中國，中國人，能夠邁入一個沒有苦難，只有幸福，充滿光明與希望的新國家吧。

83年5月18日中國婦女

憶美國女州長

已是十八年前的往事了，那位美國華盛頓州的女州長的影子，近來總會浮現在我的腦際。她沒有燙髮，不施脂粉，全身不戴任何裝飾品，但圓潤的娃娃臉上，始終表露出溫和的笑容。這位樸素、大方而又豪邁的女士，就是曾做過華盛頓州女州長的蕾迪西（Dixy Lee Ray）。

在我沒有見到蕾迪西之前，早就對她聞名了。那是一九七六年的冬天，中美文化經濟協會訪美團到達華盛頓州之後，所聽到的都是關於新選出女州長蕾迪西的種種。

那次訪問團在奧林匹亞（華盛頓州省城）拜訪了州長和參眾兩議會的議長之後，我國駐西雅圖總領事楊卓英曾安排了一個午宴，與他們參眾兩議會的領袖們餐敘。席間，坐在我左手邊的一位參議員對我說：「你知不知道我們未來的州長是位女性？」

「那太好了！」我立刻回答他。

「她沒有結過婚。」他也馬上接著說。

「那有什麼關係。」我再回他一句。

「你是不是一位女權運動者？」他用一種好奇的眼光看著我。

「是的，我對女權運動的某些觀點很贊成。因爲我便是由於提倡女權才被選爲國會議員的。」我從容的回答他。

這時他臉上顯出一絲苦笑，好像再沒有什麼話可說了。於是我又把話題轉到中國菜上，免得冷場。可是不多一會兒，這位參議員又把話題轉到女州長的身上說：

「我太太說：『我們這位未來的女州長未曾結婚，沒有家事羈絆她，也沒有孩子糾纏她，所以她的精力過剩，只有競選州長，藉此發揮她的精力。否則，她會生病的。』」他彷彿給我解釋，也彷彿給他自己解釋。

「我可不怎麼想，我覺得她有雄心大志，想爲社會多所貢獻，她能當選州長，一定是因爲她才華出衆，你不這樣想嗎？」我雖這樣回答他，但內心裡卻覺得很不是味道。

「聽你的口氣，你好像也有意競選州長啊。」想不到他竟追上來這麼一句。

「不，我認爲我做國會議員，對我的興趣極爲合適。」我連忙回答他。

談話到此，我覺得彼此有點不對勁，於是趕快轉個話題問他：

「貴州所選出的這位女州長，是否是美國有史以來的第一位女州長？」我問。

「不是。」他反應很快。

「那麼過去曾有誰呢？」我打破沙鍋問到底。

他沉思了一陣之後，掏出懷中的日記本扯了一頁下來，慢條斯理的寫了下面幾行字：

最初　懷俄明州

其次　德州

一九六七年—六九　阿爾巴馬州，姓名Mrs. Wallce

一九七四　康乃狄克州，姓名Ella P. Grasso

一九七六　華盛頓州，姓名Dixy Lee Ray

寫畢，他端詳了好一陣子，才把這個字條遞給我，並且說：「很抱歉，前面兩位女州長的年代和姓名記不起來了。阿爾巴馬州的女州長之後，她的丈夫華萊士當選州長，而康乃狄克州的女州長，至今仍在任上。」

我接過紙條，看了看，謝過他便放在我的皮包裡。

午宴結束後，我腦子裡總是想著這位女州長的種種，很想一睹爲快，但因她尚未就職，不便接見訪客，使我有點悵然。同時心中也產生了另一種感想：處在號稱民主自由進步的美國社會中，在男性眼中，對於民選女州長，還有點認爲不是那麼順理成章的事，不禁令我感嘆。

一九七七年的十月，美國這位女州長應邀來華訪問，外交部安排了中美文經協會以晚宴招待，使我有和這位女州長晤面的機會。那晚七時，女州長蕾迪西率領她的訪問團，由外交部人員陪同來到中美文經協會的杭州大廈，見面一一介紹後，她便那麼爽朗的說笑起來，她說幾天內去了不少地方，尤其對屏東的水產養殖事業興趣特濃。原來她本人是史丹福大學海洋生物學博士。接著她又向我問到我國議會情形，她對我國女性議員人數之多大感驚奇。最後她表明她此行是應中華民國臺灣省主席謝東閔先生之邀來臺，希望能與臺灣做貿易，華盛頓州盛產小麥和蘋果，而且還帶來兩大包蘋果作爲見面禮，我們也以臺灣土產分贈五位貴賓。

席間，她對中國菜極感興趣，而且用筷子的技術非常熟練。她說，在她來臺之前，就已用筷子吃飯多時，可見她對事之用心了。這時我順便問她：「州長，您平時是怎樣處理您的各種事務，又怎樣會做的如此成功？」

她聽了大笑不已，接著她說：「謝謝你，我是學科學的，喜歡研究，所以在大學裡教書就佔去了三十一個年頭，接著又到聯邦政府擔任原子能委員會主席三年，然後我就競選州長了。州長的職位對我來講，是極富挑戰性的，但我卻很感興趣。」她說得那麼自然輕鬆。

根據有關資料，蕾迪西州長於一九一四年出生於華盛頓州之塔可馬，一九四五年獲得史丹佛大學哲學博士，其後曾任國家科學基金會生態海洋學特別顧問，史丹佛大學客座教授、華盛頓西雅圖太平洋科學中心主任、美國原子能委員會主席，主管海洋國際環境與科學事務助理國務卿。一九七六年當選華盛頓州州長。

這眞是我國所謂「學而優則仕」的寫照。一個女人，已經有了三十一年的教學生涯，而且在政府又曾擔任過若干要職，在一般人的心目中，也許覺得年過六十，漸入老境，也快接近退休了。然而這位女州長，由她健壯的體格和充沛的精力來看，她的事業彷彿才是日正當中。一九七七年美國哈潑雜誌選出十大有影響力的女性，蕾迪西便是其中之一。

但，蕾迪西，這位女州長，數十年的歲月，她要付出多少努力，多少心血，多少堅毅和多少犧牲，才能在這仍屬於男性中心社會中競爭、立足、成名又成功。想想看，這又是多麼艱辛、漫長，而又不平凡的生命歷程啊，怎不令我對她印象深刻，而又肅然起敬呢？

現在算起來，她早已退休了，她雖未婚，老年沒有兒孫繞膝之樂，然而終生鑽研學問，從事著述立說，並以此教育後進，又何嘗不是對社會與人生另一種貢獻和成就呢！

（原載中華日報）

手足情深

晚飯後，打開抽屜尋找一封信，無意間發現了三十年前的一張黑白照片，那是兩個女兒的合照。十二歲的姊姊，懷中抱著才滿六個月的妹妹，兩人都微笑著，妹妹還舉起左手，一副說「拜拜」的神氣，看起來兩姊妹好可愛。

寂靜的斗室中，我凝望著照片上的兩個小人兒，她們竟把我拉回了昔日的歲月，在心情動盪起伏中，勾出了多少往事：

小女兒兩歲的那年夏天，外子夜半突然大量吐血，我在慌亂中把他送進臺大醫院，後來又開刀治療，先後一共住院四個多月。那些日子，我天天早出晚歸，待在醫院裡陪伴他。每當黃昏，我帶著滿身的疲憊，回到家中時，只見十四歲的姊姊，懷中抱著正在哭泣的妹妹，兩人眼巴巴的盼望著媽媽快快回來，當我一進大門，尚未走近玄關時，便見小女兒跌跌撞撞的撲將過來，她一邊哭一邊說：「媽媽！我不要你出去嘛，我要你抱抱。」至今一想起那一幕情景，仍令我鼻酸不已。

十年後，他終於在群醫束手無策中撒手塵寰了。那時大女兒正在美國深造，小女兒也才讀到初一，家中忽遭不幸，我只有裹起傷痛，面對現實。幸而那時大女兒在美獲得助教獎學金，才能在艱苦中繼續學業。從此母女三人就在太平洋的兩岸，相依爲命的度過了數十個「三缺一」的寒暑。

去年夏天，小女兒在清華大學獲得博士學位，適逢大女兒在美國大學休假，她應政大之邀回國講學。當年她在美國加州大學（UCLA）獲得博士學位時，我不曾赴美參加她的畢業典禮，因爲那正是小女兒參加大學聯考的緊要關頭。這次她回國，知道妹妹已完成學業，便將當年購置的博士服裝携回，以便穿起來與家人一同拍照，好彌補我們未曾去美參加她畢業典禮的遺憾。說起來，她也算是個有心人。

由於那張照片，把我又拉回三十年前的時光隧道，多少往事，多少酸甜苦辣的滋味，永遠永遠難以忘懷。不過，再拿起她們姊妹的近照看看，獨立、堅強、充滿自信的她們，現在都已成家，並都任教大學，我的擔子總算卸下了。但願她們姊妹情長，手足情深，同心協力，互相扶持，能在這動盪的大時代中，度過這漫長而崎嶇的人生大道。這是一份祝福，一份盼望，也是作母親的一份最大的安慰。

82年11月青年日報

秋思片片

每當中秋過後，炎夏熱度漸退，那滿腔懷鄉之情，不知為何總會不時湧上心頭。也許因我誕生在秋天，對秋天的懷念既深且濃，尤其對兒時中秋節的一情一景，永遠留在腦際。

我家兄弟姊妹共有五人，而我巧居其中是老三，上有兄姊，下有弟妹，我常在他們四人面前打趣的說：我什麼都有，而哥哥無長兄，姊姊無姊姊，弟弟無弟弟，妹妹無妹妹，我可是幸運的。

說也奇怪，父母都特別疼我，尤其是母親，那是衆親友中都知道母親愛我是毫不掩飾的事實。每當母親要去親友家作客，她總是帶我陪她，或派我去作代表，一身入時的裝束，出外回來總是博得人人讚美。

每當中秋節，家中總是忙著準備菜餚和祭祖的月餅、瓜果，等到晚飯後，再去院子裡祭過天公，一切完畢，便是母親把貢品分給我們五人的時候。母親分得很公平，每人一份，皆大歡喜，可是我們每人的吃法各異。哥哥總是在當晚和次晨就吃光了，而其他姊妹也要吃上兩、三天，只有我，一直要吃一個星期；我把糖果分成七份，每天吃一份，所以要吃七天，別人吃完了，我還有得吃。母親說，我這種習性是象徵「餘後」，將來不會缺乏什麼，聽得我好得意。

離家四十餘載，在臺灣或別處過中秋節時，早已沒有兒時的那份興致了；再好的月餅，再多的瓜果，再皎潔的月光，彷彿都及不上兒時的甜美。雖然父母已在二十多年前相繼謝世，我也未曾盡過孝道，這是我終生最大的遺憾，但這又如何去彌補呢？只有對兄弟姊妹們的那份手足之情總是念念不忘，每逢中秋，總是追念著當年和他們一起過節的歡樂情景。

自從政府開放赴大陸探親以來，我也曾回到故鄉，難得的是我們兄弟姊妹五人，在相隔快半個世紀後，仍能團聚，雖然他們多年來東奔西跑，吃盡苦頭，卻生活得堅強，並能保有健康，我禁不住對他們說：「我們兄弟姊妹五人，猶如人的手掌上的五根指頭一樣，而今還能伸展自如，能不感謝上蒼的垂憐？能不珍惜我們僅有的餘年嗎？」

秋風送涼，秋高氣爽，多少回憶，多少愛恨，多少歡樂，多少哀愁，就讓它們在落葉紛飛中去飄蕩吧。

86年10月14日青年日報

寒流來襲憶當年

都說臺灣是四季如春的寶島，但在每年春節前後，總會著實寒冷上幾天。今年寒流一個接著一個來，簡直有點招架不住。據報載，農漁業和花卉因寒害損失慘重，政府還付出不少補貼呢。

雖然室內可以開暖氣，或用電火爐驅寒，但最好還是入睡時蓋上電被覺得好暖好舒服。

那個電被是十年前大女兒從美國帶來送我的，我一直覺得臺灣那會用的著，誰知十年後的今天，居然成了我每夜睡覺的寵兒。

睡在溫暖舒適的電被窩裡，禁不住聯想起當年母親在大陸上過冬的情景。我家雖是處在不太寒冷的漢中平原，但到冬天仍會飄點薄薄的雪花。母親的習慣是一大清早便坐在床上指揮家人這樣那樣，女佣照例拿個小火籠來給母親取暖。火籠是用竹子編成的，中間放個陶做的碗，炭火便放在碗的中央。冬天人手一個小火籠，就像現在用的熱水袋一樣。而今我們受科技之賜，禦寒發明了各式各樣的工具，暖氣、電火爐、電被……物質文明一日千里，我們現在都享受到了，但母親那個年代，卻是無法享有，覺得好遺憾，也好悵然。

春節一到，兒時許多往事都會湧上心頭。我們兄弟姊妹五人中，母親最疼愛我，好吃好用的都要留給我。每當遇舊曆新年時，我們姊妹三人都有一雙綉花新棉鞋穿，姊姊妹妹的都是由大嫂做，而我的鞋母親一定要自己親手完成。可是家中大小事都由她照管，所以整天忙這忙那，每次都把我的鞋子拖到除夕夜晚才能完工。我是個急性子，新鞋拿不到手便不肯入睡，所以除夕夜裡，往往是我陪著母親守歲。我坐在火盆旁看著母親爲我一針一線的縫製新鞋，可是瞌睡蟲總是跟著我，打個盹，手便碰到炭火上，指頭上燒個泡，卻不敢聲張。爲了等新鞋，受這種苦也是心甘情願的。至今回想起來，多麼幼稚可笑啊。

二十年了，母親死在文化大革命時期。前兩年我回大陸探親，兄弟姊妹聚在一起時，我總愛問母親去世的情景。他們說，文化大革命的那幾年，人人都要去勞改，加之少吃沒喝，母親終於因年老體衰而歿。說著姪兒便拿出母親一張枯瘦如柴的照片給我看，我立刻當著他們的面前大哭起來。文化大革命，蹧蹋了多少生靈，也造成了多少冤魂，我的母親，我尚未來得及報恩的母親，卻是文化大革命的犧牲品，怎能不令我憂憤至極呢!?

氣候如此的冷，憶起回大陸探親的種種情景，我的心情變得更冷了。

84年3月6日青年副刊

別緻的賀年卡

時逢歲末，收到許多寄自國內外親友的卡片，面對這林林總總的卡片，除了感受祝賀聖誕與新年的溫馨情意外，有些卡片的畫面、色調和內容，也往往吸引了我的注意。今年就收到這樣一張賀卡，其別緻的內容，不僅祝賀新年，還具有警世作用，讓我端詳許久，一唸再唸。

那是張大紅色的賀卡，上頭密密麻麻的印著金色的蠅頭小楷，左右兩邊是一副對聯，上聯是「永恆求諸平凡」，下聯是「和諧在於互敬」，中間是「牽手謠」三個金色大字。全文則如波濤般排列成上下兩排，其內容如下：

各位戚友和親朋，歌謠一首相奉敬。人人都在想成家，家家卻在嘆苦經。

苦經內含原因多，歸納癥結在下文。夫妻吵架切忌贏，贏了會有後遺症。

好言一句三冬暖，惡言傷人痕最深。一言折盡平生福，古今案例數不清。

名言一句須記取，莫贏戰爭輸和平。夫妻嗓子切忌高，醫說嗓音能傷人。

音頻高具殺傷力，現代文明是輕聲，心理學家曾統計，十個高嗓九單身。
夫妻彼此留空間，緊迫盯人非福音。熱脹冷縮是常理，鐵軌留隙有原因。
水激橫飆人激亂，須留餘地好轉身。夫妻財經要公平，苛妻刻夫不義仁。
設身處地不跋扈，通情達理被頌欽。夫妻彼此要圓融，強塑模框太天眞。
賞梅無畏寒霜雪，賞竹有節直空心。難期梅花變竹子，曲直雅俗各乾坤。
夫妻切忌翻舊帳，互揭瘡疤最惱人。人非天使總有錯，改過寬恕能自新。
爾心若無寬恕意，兵戎干戈永難寧。海納百川容乃大，吹毛求疵最傷情。
夫妻恩愛取中庸，太膩太貪難久醇。琴瑟和鳴音韻美，清溪遠流最怡情。
夫有肝膽氣宇豪，亦俠亦狂亦溫文。妻具賢淑氣質雅，又美又善又純眞。
智慧幽默倆都備，舉案齊眉好婚姻。你儂我儂相依偎，天長地久享太平。

近代社會，講求自由戀愛，婚姻自主。男女結婚後組成了小家庭，是否就平安無事一帆風順呢？倒不盡然。有人說，結婚像是一道令人嚮往的窄門，有人拚命的想鑽進去，但卻又有人不斷的向外面衝。這證明男女婚後要想和諧平安的相處，是一件極不容易的事。據統計，臺灣社會近年來離婚率日益增高，有一項資料顯示，每天有七點二個人離婚，一年中便會有兩千五百餘人走上離婚的途徑。這無形中造成了多少破碎的家庭，更傷害了多少無辜的子女。如果這首「牽手謠」，眞能發生一些警世作用，使已婚男女都能體會出其中的眞諦，不要婚前只注意優點，而婚後盡看到對方的缺點。世上那有十全十美的完人，夫妻之間多說好話，多看優點，自然由怨偶會變成佳偶，改進了家中氣氛，讓子女感受到家庭的溫暖，也許可使社會上的青少年犯罪案件減少許多，同時也爲社會帶來祥和之氣。

眞的，歌謠中每一句話，都是那麼通情達理，雖說不上文情並茂，句句押韻，但卻表現出一片眞情實話，令人感動。

你知道這張卡片是誰寄來的嗎？他就是當今政府主管全國人事制度的銓敍部部長關中夫婦。

85年2月4日青年日報副刊

懷念傑出校友

——王亞權女士

雖然亞權學長逝世已數月了，然而她在我腦海裡的影子久久難以淡忘。

五十年前，那還在抗戰期間的重慶，我與亞權學長相遇相識於重慶國立女子師範學院。那時她是英語系的副教授，我卻在訓導處工作。

學校設在離重慶尚有一天水路的江津白沙鎮，因交通不便，聘請教師很不容易，首任院長謝循初先生，是北平師範大學的老教授，他便網羅當年在北師大的教授和畢業校友多人去那兒工作。我是當年在大學教我教育心理學的魯世英教授推薦去女師院的，他也是教育系的教授。到校後認識了許多北師大的學長，如任培道、孟淑範（二人已故），高醒萃、郜瑩（留大陸），她們都比我班級高，那時我畢業不過才一年。

白沙是個小鎮，而女師院設在多山的十里店的白蒼山莊，校舍初建──相當簡陋。多雨的白沙，使人常在泥濘路上往返，下課後去教職員食堂，須翻越兩個小山坡。那時伙食也不好，大家都要加菜才能果腹，我們這一群校友，便組成一桌，頓頓加菜打牙祭。

亞權學長說一口標準國語，穿著打扮十分出色入時，談吐溫文爾雅，對人和藹可親，同事學生都很喜歡她。我只在女師院工作了一年，便應陝西省黨部之邀，回陝從事婦運工作。後來又參加競選西安省立法委員，一直到三十八年隨立法院來到臺灣，在一次北師大校友會上再度與亞權學長晤面，那時她已是臺北第二女子中學的校長了。

由於她辦學績優，民國四十三年張其昀先生掌理教育部後，擢拔人才便網羅她擔任教育部中教司司長。她在教育部十多年來，工作十分努力，所以成了教育部的六朝元老（張其昀、梅貽琦、黃季陸、閻振興、鍾皎光、羅雲平）。因爲我在立法院教育委員會的崗位上固守了數十年，所以和教育部的關係至爲密切，也和她接觸頻繁。每當教育部邀請教育委員會委員赴各地參觀考察時，都是王司長陪著我們同出同進。教育部部長應邀到教育委員會報告施政及備詢時，我看到她對委員會所質詢的各種問題，都是非常專心，並不停的記錄，隨時將資料提供部長作爲答覆參考。由此我始深深體會出她對教育問題最爲用心，也最清楚，我和她來往的機會也就較多。

教育部最初的建築是一棟平房，後來才改建爲高樓，在改建時，王司長又是改建人員中最出力者之一。她經常在下班後還不回家，一直要把部裡的事務處理完畢後才離開辦公室。她的家庭也很單純，一個女兒非常乖巧，丈夫邵明光先生處事精細，對她的事務也常常關心。有一次我對她說：「人家都說一個成功的男人，背後一定有位偉大的女人；而一個成功的女人，背後也有一位偉大的男人，像您。」她笑著對我說：「我那裡成功嘛！」

她在教育部期間，遇上了一件教育上的大事，就是延長九年國民教育的籌創與執行工作。民國五十六年之前，國小畢業生升初中時，都要經過一番激烈的競爭，才能榜上有名，因此惡性補習，應運而生，使得小小年紀的孩子們，大半都成了四眼田雞；更由於軍中入伍的青年，戴眼鏡的人數比比皆是，當時老總統　蔣公認爲此種現象有損民族健康，同時也爲了提高國民教育水準，所以即使是經費極度困難，他老人家仍堅決要將六年義教延長爲九年。記得五十六年六月二十七日，先總統　蔣公在總統府國父紀念月會上曾說：「我們要繼耕者有其田政策推行成功之後，加速推行九年義務教育計畫。……政府只要根據『取之於民，用之於民』的原則，集結社會上的力量，就可以辦好這一保育下一代民族根苗的義務教育，也就可以根本消除惡性補習的痼疾病根，以實現三民主義模範省的教育建設。……」於是延長國教的工作，便刻不容緩的展開了。但首先須經立法，所以「延長九年國民教育實施條例」的規劃與起草工作，便由王司長來擔當。她夜以繼日的辛勤工作，在短短的數月中，便草擬完成。五十六年十月二十六日，由行政院函送立法院，十月三十一日立法院第四十會期第十一次院會報告，決定交教育財政兩委員會審查。於是這兩個委員會挑燈夜戰，按部就班在短短兩個半月中審查完竣，送交院會，於五十七年一月十九日第四十會期尚未休會之前通過，五十七年一月廿七日總統明令公布。自五十七學年度起，便在臺灣及金門地區開始實施。

後來，雖有人批評，認爲籌備時間太倉卒，條例並不盡善盡美，實施後造成許多缺失，例如師資不夠、教室缺乏、學生程度低落……等，然而這些都是「瑕不掩瑜」的批評，二十多年來，它畢竟爲社會國家培植了不少的中下級幹部。我們今日臺灣經濟繁榮發達，能說不是早年實施延長九年國教之功？爲此，政府曾頒贈王司長四等景星勳章，以示酬謝她的辛勞。當她謝世後，總統又頒發褒揚令，更是她身後無上的殊榮。

王司長自北平師大畢業後，曾留學美國，回國後大半生固守教育崗位。抗戰勝利後在北平和臺灣，先後擔任過幾所女子中學校長。到教育部後，曾代表政府出席過許多國際會議，例如聯合國婦女地位委員會、聯合國教科文組織會議、世界教師組織大會……等。從民國四十三年至六十年間，時經十七寒暑，歷經六任部長，在鍾皎光部長期間，才擢升爲常務次長。在當時她算是女性在政府機關中最高的職位了。後來因屆退休年齡，她又被文化大學創辦人張曉峰先生聘為家政研究所所長，同時行政院亦聘她為顧問。

使她離開教育崗位的原因，是民國六十三年，她奉婦聯總會主任委員蔣宋美齡夫人之命，接任該會總幹事，在此一任便是十有六年。在這段漫長的歲月中，她除勞軍和為軍眷服務外，並把婦聯總會會址修得煥然一新；同時開拓海外組織，成立了各地婦聯分會，尤其是在重建軍眷宿舍方面，為當年出生入死的許多將士們的眷屬，修建了安適的住所，更受到軍方一致的讚揚。

婦聯會也是經常為外賓們屬意參觀的場所，這個組織是在政府遷臺不久的民國三十九年春，由蔣宋美齡夫人倡導發起，中央女性民意代表多人被邀參加，本人也是其中之一。四十多年來為前方將士和軍眷的各種服務有目共睹，朝野參與婦聯會服務的人員日盛一日，生力軍也不斷增加。自從四年前王亞權總幹事倦勤辭職赴美，由辜嚴倬雲女士繼任總幹事，她年富力強，領導有方，工作成績卓著，更發揮了民間婦女團體對國內外的影響力。

亞權學長也是我們北平師大旅臺校友會的理事長，多年來對校友會的服務異常熱心，每年校慶，由她籌辦得熱熱鬧鬧，大家都高高興興。她臨走赴美前，我們校友設宴歡送她，大家都有依依難捨之情；赴美後曾和我書信往返數次，一心念著校友們的狀況。她臨走的前一天，送給我許多東西，連衣料上滾邊的緞條都搭配得妥妥當當，而今睹物思人，令我不勝感嘆，感嘆歲月無情，人生苦短，她的一舉一動，一顰一笑，更令我印象深刻，永難忘懷！永難忘懷！

83年8月3日中央日報海外版

小心被虎噬

「馬路如虎口」，這句話人人耳熟能詳，可是多少人天天、時時都在虎口邊緣討生活。雖然十字街口大半都裝設了紅綠燈以供行人識別，但仍有很多地方未裝紅綠燈，使行人進退失據。

臺灣目前交通之混亂，已成舉世皆知的話題，只要每天打開報紙，總會看到車禍頻傳，雖然不單獨是因闖紅燈造成的，但先把各處紅綠燈裝設齊全，應該是防止車禍的起碼條件之一，交通當局總不能任其紊亂下去吧。

我常在穿越馬路時，注意多少人的表情和動作：年輕人快馬加鞭，年老人大步小跑，殘障者一臉恐慌。給人的感覺是像在逃難一樣，根本沒有一點安全感；尤其在有斑馬線而卻找不到紅綠燈的馬路上，當你要穿越馬路時，總要東張西望上大半天，等到有人同行時，還要在左右夾殺、險象環生中穿過，穿過後心理上便產生一種像逃過一劫似的感覺。這樣使人們走在街上如臨大敵，如近虎口一般，實在不像是安和樂利社會應有的現象。想起歐美各國，都是「車讓人」，而非「人讓車」，我們能不深思國人的野蠻和無理？

至於人行道上，不是擺滿機車，就是道旁全被私人車輛佔滿，尤其是公車站牌附近，也被私人車子佔住，乘客無法站在安全處，當車子一來，乘客只有向大街上衝去，而交通警察竟能熟視無睹，豈非怪事!?

多裝幾個行人穿越馬路的紅綠燈，多劃出幾條行人該走的斑馬線，交通警察多負點責任，這在我們極力改善交通的措施上並非難事。所謂「不以善小而不爲」。請全省各地交通當局，仔細去查看查看各處有多少地方缺少紅綠燈和斑馬線，讓全國大半尚未擁有轎車而步行的人們，有一種「行的安全」的自由好嗎？

82年3月3日中華日報副刊

談價值觀

我們常在言談中或文章上提出「價值觀」這幾個字，其實這個觀念因人、因時代而不同，往往差一毫釐而謬以千里。比方拿目前社會現象來說吧，最流行的一句話是向「錢」看齊。不要說在自由民主的臺灣社會，這種情形處處可見，就以被馬列思想控制了四十餘年的大陸，向「錢」看齊的現象，不但不比臺灣差，甚至有過之而無不及的地方。且舉個例證：

剛由大陸參加學術會議返臺的乾女鄭教授來看我，談到一則新聞，引起了我極大的感慨。她說：「這次去北京開會，從報紙上看到北京大學一位經濟系教授，跳樓自殺了，原因是見於他賣茶葉蛋的孫子，每月收入比他多得多，自覺沒有成就感，因而跳樓自殺。」

聽她說完，我只覺得這是一件不尋常的事，彼此一笑也就過去了。等她走後，倒引起了我早年的一段回憶。

五十多年前，當我還在北師大教育系讀一年級，系主任李建勛（字湘宸）先生上「學務調查」課時對我們說：「目前許多人都在說，大學教授的待遇，連個皮鞋匠的收入都不如。聽起來似乎沒錯，但大家要深思，大學教授他對國家的貢獻該有多大，爲社會培植了多少人才，豈可拿每月收入的多寡來衡量人的價值？」他這一段話，永遠印在我腦子裡，也給我的影響很大。李主任不愧爲一位著名的教育家，當年大陸上的南陶（陶行知）北李（李建勛）在中國教育界是出了名的。眞的，不可以拿金錢來衡量一個人的價值。這便是現在所流行的「價值觀」，取捨全在個人認知之不同而有所差別。

目前大陸上的男女老幼，都一窩蜂追逐商業活動，腦子裡充滿了功利主義的思想，加之中共近年來對外開放後，歡迎外人赴大陸投資，他們一看到外來客帶來大把大把的鈔票，有利可圖，有錢好賺，便不顧一切的只向「錢」看齊了。因此人們的價值觀完全只重金錢，人人都在作淘金發財夢，社會上才不斷的發生詐騙：騙財、騙色、騙名位、騙證件，那一船一船不斷從大陸湧來的偷渡客，四處漂流，追求財富，到頭來，淘金夢破碎了，都走入作奸犯科之途。

而臺灣呢？目前拐騙、搶刼、綁票、勒索、謀殺、走私販毒……等亂象，天天見報，無一不與金錢有關。大陸也好，臺灣也罷，這些使價值觀改變，充滿功利思想的現象，都不是我們所樂於見到的。如何建立起「正當的價值觀」？該是今天現代中國人應去追求的目標。如何把只看重有形的物質享受、奢靡浪費，轉化爲道德精神的提升，與勤儉節約的風氣，應是我們現在最起碼的要求。否則，讓價值觀混淆下去，功利思想到處蔓延，人們只在金錢上打轉，卻把法制、道德、倫理、親情都丟在一邊，到頭來錢是淹腳目了，但給社會及個人帶來的災禍，豈是賺來的那些錢所能彌補得了的!?

82年9月22日青年日報

另一種選擇

某日坐公車回家時，車一開動就聽到鄰座兩位中年女客，大聲談論她們的一位朋友。一個說：「她眞會經營，聽說賺了不少的錢噢。」另一位接著說：「她年紀已六十好幾了，沒有結婚，又無子女，要那麼多錢幹嗎？」一個又說：「聽說她都是靠朋友一起投資股票和買賣房地產賺的，眞有本領。」另一個又說：「假使那個合夥人心腸不好，將來說不定是黑吃黑，那才冤枉呢。」

她們一路上光說那位單身女郎的事，而且總是離不開她賺的錢，一直到她們下車爲止。

在車內閉目養神，想到剛剛那兩位女乘客的對話，不禁使我聯想到現在社會上有那麼多人，又擁有那麼多的財富，如果能夠拿出來捐資興學，或成立什麼基金會之類，在社會公益方面有所貢獻，那該是多麼好啊。（其實目前也有）我們知道在美國這種情形非常普遍，在國內單以捐資興學而言，近二十年來由私人所辦的各級學校爲數不少，尤其是五專還超過公立的數目。可是開辦以後，很少聽說有那些人再大量捐款給學校的，因此才形成目前私校經費普遍不足，不得不靠學生的學雜費來維持。（本年度私立大學學費大增，還引起私校學生向教育部集體請願呢。）上焉者，取之於學生，用之於學生倒也還好，而下焉者，卻把辦學當成營利事業，以致形成設備簡陋，教師待遇偏低，因此許多學生產生一種不願進入私校的觀念。於是一窩蜂惡補，拚命要去擠價廉物美的公立學校。假使我們臺灣社會風氣，能使一些有錢人樂於捐助教育文化事業，好像歐美許多著名學校，大半都是私立的，因爲他們捐資興學的風氣很盛，認爲那是貢獻社會造福人群的最好辦法。我想，恐怕他們很少想藉辦學校去謀利吧。

由於前面說到的那位單身女郎所賺的錢，也聯想到她的身後事，更聯想到臺灣有許多大亨，不管他們的錢是祖業，或是自己辛苦賺來的，眞希望在他們有生之年，花用不完之餘，能夠帶動社會風氣，慷慨解囊，不管是用在那一方面，如興學或辦理文化事業，或對兒童老人、殘障……以及其他社會公益事業，都可捐獻出來有一番作爲。如此，不但是物盡其用，還可留名千古，取之於社會，用之於社會，眞是一舉兩得的善事啊。

說到這裡，我忽然想起一位朋友，她眞是連田阡陌財富豐裕，未曾結婚，日子過得瀟灑富足，令人稱羨。生前便有許多人（連本人在內）勸她設立一個養老院或一個兒童福利機構，或創辦一個綜合性的福利事業，都被她拒絕了。又經過好多年，她老了，病了，過世了，一切煙消雲散，沒沒無聞，似乎再也沒有人提起她，眞是替她惋惜。

現在我們臺灣社會很富足，富人比比皆是，但人生不過百年，百年之後（之前更好）如果子女皆不需要你的扶持，可否捐獻你的財富貢獻社會？請想想，那實在是一項最有價值的選擇啊！

82年12月7日青年日報副刊

時間與金錢

我們常聽人說，時間就是金錢，尤其是處在這瞬息萬變的工商業時代，時間的重要，間不容髮，彷彿只要把握住時間，一切事情都可迎刃而解。

不錯，要把握住時間的一分一秒，尤其是在商場中，只要時間把握得宜，金錢可以滾滾而來，特別是在商場中做投機生意的，如買賣股票等等，眞可說時間一對，就是一本萬利。

但此處筆者所講的時間與金錢，與投資無關，而是指一個人一生所花費掉的時間，與他所成就的事業是否可視爲等值。換句話說，他平日對他的時間是否有一種「愛惜光陰」的感覺，或「分秒必爭」的念頭，把時間當作金錢般的去珍惜。

每個人一天都擁有二十四小時，除睡覺八小時外，其餘十六小時便可由自己充分支配。在這轉瞬即逝的時間激流中，你如果有計畫的每天分配時間，從小學開始，每天對讀書、玩樂、吃飯、休息……，都能自動的安排運用，久而久之，習慣成自然，保證你無往而不利，處處順利，樣樣開心，最後一定是個成功者。假如有一個人，每天起床後一直到夜晚睡覺，處處都是被動的，對時間毫無觀念，也沒有安排時間的念頭，更沒有分秒必爭的打算，每天、每時、每分鐘，都是渾渾噩噩、得過且過，沒有計畫，也無安排的混日子，時光一去不回，他只有少壯不努力，老大徒傷悲了。

我認爲能愛惜時間、利用時間和把握時間的人，才是天下最富足的人。試想，一個人如果一生不浪費時間，而且每天利用時間去做他當做、該做、愛做的事，日日月月累積起來，那該有多大的成績；不管是那一種行業，例如讀書、研究或從事商務、農業、手工業……等，只要鍥而不舍，精益求精、永不放棄，年年月月累積起來的成績，不知會勝過多少的財富，賺回多少金錢。而且這種財富或金錢，是永遠不會虧本，可說一本萬利。

筆者寫此短文，是一種警覺、一種懺悔，也是一種惆悵，更有一種悔不當初的感覺。而今已到兩鬢飛霜的暮年，卻感一事無成；一回頭，似乎將至人生的終點，檢討起來，就是當年未能把握時間、愛惜時間、利用時間，回想起來比失掉萬貫家產還後悔難過。假如我還能年輕一次，一定不會輕視光陰，隨時愛惜它、把握它、利用它，一分一秒的從事有計畫的工作，到頭來再來定期檢討，那時所擁有的成就，一定更加輝煌。

富蘭克林曾說：「愛惜生命的人，不可浪費時間，因爲時間是組成生命的元素。」因此，奉勸年輕的朋友們，年輕只有一次，轉瞬即逝；把握時間，比追求金錢更值得啊！

85年9月3日青年日報

那段拿不到薪水的日子

有幾位教書的朋友，她們偶然在我面前提起領薪水的事，她們說每月定時領出，毫無問題。這件事聽了令我感慨良多，不禁回想起在五、六十年以前，一樣的教書，一樣的爲學校服務，但教師卻無法按時得到應有的報酬——薪水。

那是民國二十六、七年間，對日抗戰剛剛開始，有些省分的行政，仍處於軍閥割據的局面之下，而軍閥們執政後，貪贓枉法視爲當然，而一切經費皆以軍需爲先，所以對於教育方面應分配的經費常被忽略，即使分配到一些，結果也會被其他部門挪用，尤其是軍方優先，這是大家都知道的平常事。所以那時的教育界，尤其是各校教師的薪水，從未曾按月發出，總要拖上個三、五個月，才能領到一、兩個月，只因政府經費拮据，教員的薪水就首當其衝，被犧牲掉了。而教師又是最安分的一群，不會去抗議或罷教，即使家中無隔夜之糧，也只好到別處去東拉西借。我就眼看許多從事教育工作的家庭，都因無法按月領到薪水，讓家人過著清苦的生活。所以當時許多人都不喜歡去當教師。

也很湊巧，那個不幸的年代偏讓我碰上了。抗戰開始那年，我剛好從師範學校畢業，便被分發到師範附屬小學任教，那還算是一個令人羨慕的職位，可是教書一年下來，斷斷續續的才能領到半年的薪水，因爲教師的薪俸總是被其他部門挪用了。這樣的教書生涯，我只過了一年，便辭職不幹了，剩下的薪水不知何年何月才發，我也不去管它了，原因是我要投考大學。當時正値抗戰開始的第二年，平津一帶的大專院校，都遷移到大後方來，政府爲了培植流亡青年，便設置了好幾所聯合大學，招收各省各地的青年學子，我便去投考西北聯合大學。有幸考取，擺脫了那種教書卻常領不到薪水的生涯。

當時雖是戰時，政府培植青年卻是不遺餘力，知道多數流亡學生無家可歸，便由教育部爲他們發放貸金（名義上是借給的），每月足夠吃住的生活費用，才吸引了無數青年投考大學，達到爲國儲才的目的。當時我雖非流亡青年，但在大環境下，依然享受到與流亡學生同等的待遇，按月拿到足夠的生活費，比起當小學教師時還愜意。所以我順利的完成了大學教育，也逃脫了那教書而又領不到薪水的歲月。

今日社會實行的民主法治，國家政策有憲法的保障，地方又有地方的自治法規，各行各業都有法令規章的指引和實施原則，比起當年那種毫無制度法規約束的人治社會，令人不能不慶幸今日享有民主法治的生活，才眞的算是人民的幸福呢。

87年7月4日中央日報副刊

婦女與教育

婦女問題面面觀

一、前 言

由於最近立法院有委員提出了一個「男女工作平等法」，又由於報載加拿大和土耳其兩國，各選出女總理，引起國內不少人士的矚目和談論；尤其是各婦女團體，也紛紛集會，商討今後婦女在政黨及社會上所扮演的角色，似乎國內的女權問題又被炒熱起來。當了四十餘年的女性立委，到近年才退職的我，一向對婦女各種動向極爲關注，因此，鑑於目前有關婦女的種種情況，不免引起個人許多感想，故特提出「婦女問題面面觀」，以請教方家。

筆者昔日曾在美進修，後又數度赴美國開會、訪問及考察，因此對於美國婦女運動及現況略知一二，故擬以中美兩國婦運發展的重點略加敘述，以窺兩國婦女問題之異同。

二、美國婦女運動之發展及其現況

爭取「男女平等」，幾乎是近世紀全球女性一致的呼聲，尤其是美國，「女權運動」不但掀起的早（二百多年前），而且在實際上也有效果，例如在一九二〇年美國婦女即爭得了平等的參政權（美國憲法修正案第十九條）。但迄今美國婦女的法律地位雖然平等，但在政治上、經濟上、教育上、職業上，其地位未必平等。在美國雖有「女士第一」（Lady first）的流風，不過那只是社交場會中的禮節而已。

近二十年來的美國婦運，似乎著重在職業平等方面的爭取。記得一九七〇年底，筆者代表我國出席美國十年一次的白宮兒童會議，當時美國不但反越戰鬧得不可開交，而女權運動也在如火如荼的展開。會議結束後，我即赴維吉尼亞州專門去拜訪一位女權運動的領袖。最初這位領袖不肯接見我，只由她女兒出面招待，後來知道我是從臺灣來的國會議員，她才肯出來見我。見面之後，她便侃侃而談。首先便說明她們而今所爭的是「同等工作同等報酬」（Equal Work, Equal Pay）。

美國不能同等看待婦女的事實，她滔滔不絕的一一指出，歸納起來有：㈠有許多行業，不歡迎女人，就算費了好大的力量擠進去，將來升遷的機會也很少。㈡有些州法律規定女人不能自己營業，必須丈夫同意，顯然女人是丈夫的附屬品。㈢美國許多

(四)大學對女生入學程度的要求比男生高，男生馬馬虎虎即可收下，女生則必須出衆才行。有的大學，不升女人爲教授，幹一輩子，最多給副教授。當然各大學女教授也不少，但是她們的水準通常都是特別高，遠超過即此獲升的男教授。假如男女水準一樣，則一定是男性獲升。

這位婦女領袖最後很激動的說：「我們要求的是男女眞正的平等，絕不願享受優待。」比方說，不想逃避兵役，因爲以色列婦女一樣當兵，我們也想進入西點軍校、空軍官校和海軍官校。在碼頭上當工人，女人背負的重量和男人一樣，但要同等工資。甚至在體育競賽方面，我們不僅要女人和女人比賽，女人也要與男人競爭。

自我訪問過這位美國婦運領袖後的十年（一九八〇年），我因赴美探望正在加州大學洛杉磯分校攻讀博士學位的長女。一天，她建議我去拜訪加州大學一位女教授海倫奧斯汀博士（Dr.Helen Austin），她也是一位女權運動者。女兒爲我們安排了一個午餐約會。對方知道我是主管教育的國會議員，也是教授，所以對我十分親切。年輕漂亮的她，非常健談，那天她對我談的專門是有關美國婦女在高等教育方面所受的歧視。她說：

第一，學術獎勵制度是由男教師制定的，女教師要去接受男性所定的學術獎勵標準，才能得到獎勵。

第二，女教師與男性員工同工而不同酬，女教師薪資較低，其影響因素諸如出版多寡、婚姻地位、年資、工作是否專業等。

第三，女教師教大學科目較多，研究所科目極少，而且所教的鐘點較多。

第四，男教師升遷比女教師容易，故能居高位。例如百分之二十五是男性，女教授僅佔百分之九。

第五，在各大學中，男性領高薪者有百分之十七，而女教師僅有百分之八。

最後她說：總而言之，女教師地位較低，薪資較少，不一定是她們的條件較差，而學術獎勵制度對她們的限制亦較嚴。就算男女有同樣的地位與表現，但女教師總是薪資較少。

由於兩度與美國女權運動者的直接接觸與晤談，我感覺到美國婦女的問題，有些與我國相似，但有些也不盡相同。不過近十年來，美國婦女不斷的開拓她們的領域——進入政界、工商界及學術界，婦女已被選任爲各級政府的官員或議員，從市長到州長，從參議員到衆議員、大使，一直到內閣，都有婦女參與。再看看美國有女太空人，海底研究有五位女科學家、女將軍、女性企業家、理事會主席、出版家、小說家、記者均不讓鬚眉，她們都能佔一席之地。尤其是最近民主黨總統柯林頓執政後，不但延攬了數位女性入閣，而且還把他夫人希拉蕊也任命爲閣員，由此可以看出美國婦女在各方面的發展與成就，仍是凌駕於世界其他各國之上的。

三、我國婦女運動之發展及其現況

中國擁有五千年的悠久歷史文化，其中以儒家思想爲中心。我國自古以來重男輕女的言論載於史蹟，同時民間也充滿了重男輕女的觀念與習俗而牢不可破，我國女性便在這雙重桎梏下生活著。一直到國父孫中山先生倡導革命，推翻滿清，建立民國之後，才提倡男女平等，號召女子參加革命。不過，我國婦女眞正的解放，應是由「五四」運動後才蓬勃發展起來的。那時最響亮的口號莫過於「打全吃人的舊禮教」。因爲那時在精神上，以女子無才便是德，和三從四德的鐵律把女子牢牢拴住，在行動上以纏小足使女子足不出戶，不知外面世界。「五四」以後，學校開放，女子有機會接受高等教育，通都大邑的平津各大學，女生可以參加學生愛國運動，於是見聞大開，婦女從此深知如何爭取本身的權利，也才知道反抗傳統，爭取婚姻自由，了解女子應有財產繼承權，在法律上、政治上、教育上……男女應一律平等。這不能不說是國民革命及「五四」運動之賜。

國父逝世後，國家陷於內憂外患之中，軍閥割據，各省也陷於混戰之中，以致民不聊生，更遑論爭取女權。此時共產主義思想亦趁虛而入，更使政局混亂不堪，一直到北伐統一之後，國家一切尚未趨於穩定時，接著又對日宣戰，當時全國婦女凜於國家興亡，匹夫匹婦有責，於是全國婦女，地無分東南西北，人無分男女老幼，都投入對日抗戰工作之中。婦女們由對國家的服務貢獻入手，一步步爭取本身的權益。所以在對日抗戰勝利之後，政府召開制憲會議時，才有若干婦女代表參加制憲工作，也才有憲法上規定了婦女各種權利，例如在各種選舉中，婦女應有十分之一的保障名額的規定。現在看起來似乎不必要那種保障，但在當時已屬難能可貴的婦運成果之一了。因此在第一屆國大代表和立監委員選舉時，才有不少的女性進入今日的國會殿堂。

近四十餘年來，國家由於逃避共產赤禍，政府遷至臺灣一隅，島上男女老幼都感到這是同舟一命的時刻，非奮發圖強，堅決反共，不足以立足於這險象環生之世，於是朝野上下在各方面都動員建設。而臺灣婦女界更是自強不息，參與各項社會服務工作。最早有蔣夫人宋美齡女士所領導的中華婦女反共聯合會，專門服務軍人和眷屬，對軍中士氣鼓勵很大。繼而執政黨又設立婦女工作委員會，民間亦有不少婦女團體紛紛成立，以參與社會服務為職志。因此，四十年來，我國婦運的發展可說是蓬勃如日中天。試看臺灣目前各級議會中產生不少婦女議員，甚至已衝破十分之一的保障名額而當選，足以證明今日我國婦運成績斐然。

不過，若與美國相較，我們仍瞠乎其後。別的不談，僅就我國目前社會上各行各業來看，性別差異所造成就業的歧視，比比皆是。根據行政院經濟建設委員會的一項研究指出，性別角色差異所造成的就業性別歧視，使得女性薪資僅有男性薪資的三分之二。

再以我國婦女的就業率與歐美及日本各國來比，尚有一段距離，前者婦女就業率爲百分之五十，而我們臺灣地區只有百分之四十三。若要提高我國婦女人力運用，則必須採取如下措施：

㈠爲就業婦女普設托育機構，以減輕其就業牽制。

㈡提倡彈性工作時間，應有育嬰假期，以利已婚婦女就業。

㈢加強職業訓練，以提高婦女就業能力。

㈣鼓勵婦女選擇累進性的工作，縮小性別角色差異，提高婦女就業精神，消除婦女就業歧視，尤其是民營機關。

如果我們臺灣社會，對於女性工作人員能充分運用，開發婦女勞動力，那將對人力資源的增加是一大幫助。

此外，再從其他方面來看，我國婦女在政治上所享有的權利遠不如歐美各國。至今我們政府中女性入閣擔任部長者鳳毛麟角，這一點要靠婦女本身努力去爭取。不過我們也有女縣長、女議員、女企業家、女飛行員，而軍校近年來也招收女生，在學術研究方面，似應努力爭取一席之地。

總之，今日我國婦女所爭取的，應是社會大衆對女性在觀念上的正確認識。換言之，今日所爭的是男女眞正的平等，是要對女性眞正發自內心的尊重與認同，例如對女性沒有工作上的偏見與歧視，能給她們運用才智的機會與地位，讓男女兩性共同來爲社會國家效力，以開創屬於中國人的廿一世紀。

四、世界各國婦女地位之比較

近二、三十年來，婦女在世界各國嶄露頭角成爲國家領袖者爲數不少，如以色列、印度、斯里蘭卡、挪威與阿根廷等，都曾由女性治國。近十年來，如英國首相柴契爾夫人、菲律賓總統艾奎諾夫人、冰島總統芬柏加朵蒂女士，與加勒比海多米尼克總理查爾滋女士等。此外再加上衆所週知的西歐三國名義上的女性元首，如英國伊利莎白二世女王、荷蘭的瑟亞蒂麗克絲女王，和丹麥的瑪格麗特二世女王等。表面上看來，彷彿女權十分高漲，尤其是最近加拿大和土耳其兩國又第一次出現了女性總理，更爲世人所矚目，也引起了我國婦女界的注意和談論。

根據報載，加拿大選出四十六歲的康培爾爲執政黨進步保守黨的黨魁，她原任加國國防部長，她雄心萬丈，才華橫溢，曾想當聯合國的秘書長。這次被選爲黨魁，即將接替已提出辭呈的前任總理。

被選爲土耳其眞道黨黨魁的席勒女士，現年四十七歲，她原任政府中經濟部次長，她挾改革通貨膨脹與削減政府赤字的民意而異軍突起，現在土國總統已命她組閣，成爲回教國家有史以來的首位女總理。她在當選後很興奮的告訴支持她的群衆說：「我們已攜手同心改寫了土耳其的歷史。」

由最近這兩位當選的女總理看來，她們都曾是身經百戰政壇上的能手，給世界政治舞台上又頻添了兩位女性領袖，眞可一新世人耳目。

從以上各國婦女的地位來看，彷彿女性現在頗佔優勢，其實不然，那些只是少數中的少數，而大多數的女性，仍是處於不利的地位。不過現在婦女運動的趨勢，似乎非常務實，不專門計較於政治上爭取平等，而轉注重在爭取男女工作權的平等。連我們臺灣也不例外。最近立法院提出的「男女工作平等法」，便是一個很好的例證。

五、結　論

男女兩性在社會上各方面呈現出不平等，是世界各國的一個普遍現象，也是婦女深感不平之事。中外婦女爭取男女平等，雖有百餘年(如美國)的歷史，但現在仍未達到眞正的平等地步，還須繼續不斷的努力和爭取。雖然前面提到的那幾位婦女領袖，她們畢竟是少數中的少數。目前的趨勢，中外婦女彷彿都有爭取職業上男女眞正平等的要求，即要求「同工同酬」。一般來說，婦女們雖在工作上爭取平等，但她們並未放棄爲人妻母的職責，反之，她們要強化家庭，而非削弱傳統家庭結構。因此，如何增加婦女就業機會、如何減少婦女就業障礙（廣設托育機構）、如何消除婦女就業的歧視（同工同酬），這才是目前中外婦女所面對的一個現實課題。

82年9月中華婦女

美國婦運的趨勢與我國婦運的方向

在這三八節的前夕，有機會和諸位姊妹談談婦運問題，本人感到非常榮幸。「三八」節是一個國際性的婦女紀念日，也是由於婦女們的覺醒而掀起的一種運動，所以今天不妨先談談大家最熟悉的美國婦運的趨勢，然後再來談談我國婦運的情形；因此，本人今天要講的題目就是「美國婦運的趨勢與我國婦運的方向。」

一、美國婦運的趨勢

㈠爭取接受高等教育的權利時期

近百年來，世界各國的婦女，爲爭取教育或政治的平等權，都或多或少的從事過女權運動。事實上，婦女的一切權利，應該先從爭取教育權利著手，美國如此，我國也不例外。就先以美國來說，她立國僅僅才兩百年，美國婦女雖不像中國婦女，飽受了數千年舊禮教的束縛，可是她們接受高等教育的權利，也是經過一段艱辛的奮鬥歷程才爭到的。殖民時代的大學，不允許女子進入，女子也無公民權，婚後一切權利均屬丈夫。在這樣社會下生活，女子自無接受高等教育的必要。但是任何時代，總會產生幾位具有遠見和毅力的先趨。其中最著名的有五位：一位是恩瑪維勒（一七八七—一八七〇），她爲創設女子學校，奔走於紐約州，並向州長提出她辦學的計畫，必經州議會通過，決定設立一所女子學院，並以她的名字爲學校名稱，以紀念她創設的辛勞。後來恩瑪維勒又倡議設立女子師範學校，培植了數百位女教師，這些女教師後來在美國西南各州，主持女子學校，貢獻很大。

第二位是凱瑟琳比秋（一八〇〇—一八七八），她生於名門世家，是一位勇於創業的女性，她一生所企求的，就是女子高等教育制度的建立，爲此她旅行全國，鼓吹宣傳，後來創設了一個西方女子學院，首先設置的是家政科，她並著作了若干適於家庭主婦閱讀的書籍。

第三位是瑪麗里昂（一七九七—一八四九），她繼前兩位女士之後，繼續爲女子高等教育奔走，當時還沒有男女兼收的大學，她的目標是要設立一所具有與男子大學同樣規模與水準的女子大學，她與同志數人，到各市各鎮，挨家逐戶的勸募經費，終於在一八三七年成立美國第一所女子高等學府。該校畢業生，後來都成爲其他女子大學的領導人物。

可見只要婦女有決心、有毅力，凡事沒有不能成功的。由於她們爲爭取婦女高等教育而努力不懈，美國婦女終於在一八三七年獲准了進入高等學府的機會。至今算來已有一百三十多年的歷史，比我國婦女進入大學的時間早了七十多年。在經過當時許多世界先驅們，幾番奮鬥之後，美東、美南的許多大學，才給予婦女與男子同樣的學習大學課程的機會，同時也逐漸證明了婦女具有智慧、才能與堅強的意志，足以應付任何高深學術的研究。這一場持久而勇敢的奮鬥，一直到婦女們完全勝利爲止，這可說在教育戰場上，美國婦女打了一次勝仗。

㈡爭取婦女平權時期

最近一、二十年來，我們常從報章上看到，美國的女權運動鬧得非常激烈，甚至還受到我們國內報紙輿論的諷刺與批評。其實她們的爭取平權運動，也是從一百多年前就開始了；這是本人親身經歷所得來的資料，至少是一八六九年左右。爲什麼我要說至少是一八六九年左右呢？因爲四年前（一九七六年）本人曾隨我國中美友好訪問團赴美訪問，以慶賀美國開國兩百週年紀念。訪問團到了懷俄明州的省會夏延，在拜會州長之後，我在州政府大門口的正中央，看到一座高大的女人雕像，神態高雅，裝束古典，一時引起了我的好奇心，便走到跟前去看個究竟。在這座雕像下的石磚上，刻著她的姓名和事蹟，她叫Ester Hob Morries，曾在一八六九年爲爭取婦女平權法案，負起了推動的責任。州政府爲了推崇她的功蹟，特別塑製雕像，以作紀念；而且從此把懷俄明州叫做「平等之州」。本人便以此推論美國婦女爭取男女平權，一定早在一百多年前就開始了。想想看，一百多年前，我們中國人民還生活在滿清帝國統治之下，婦女還在纏小腳和「無才便是德」的枷鎖中呻吟，而美國婦女居然就展開了爭取男女平權的運動，單拿這一點來說，又怎能否認美國是一個文明進步的後起之秀呢!?所以她們爭平權的運動，絕不是短時期的，也不是一股熱潮，而是從一百多年前就延續下來的一種事業。所謂男女「平權」，所指自然是多方面，不僅是受教育的權利，其他如政治、經濟、法律及工作權等都包括在內。

美國婦女在許多方面，至今仍受歧視，其歧視的程度比我國更是有過之而無不及的地方，婦女平權運動的覺醒，不能不歸功於接受了較多較高的教育之後，婦女更感到迫切的需要；所以，美國近十年來的女權運動，也比過去做的更激烈、更徹底。

㈢爭取修改憲法時期

從本人第一次到美國讀書時算起，二十五年中，一共到過美國六次，拿我個人的觀察來說，美國婦女在表面上看來，似乎比我國婦女有地位，但實際上並不比我國婦女優越。單是工作待遇問題，便是美國婦女目前要求修改憲法的基本理由，因爲美國婦女與男子是同工而不能同酬。所以在這一階段，她們所爭取的是男女必須同工同酬。例如一樣的教員，在中學，男教師比女教師薪水高。在大學，一樣的教授，男教授比女教授薪水高，而且有了終身聘書的機會，男教授比女教授優先考慮，同樣是勞工階級，男工也比女工薪水多，諸如此類，實在令美國婦女難以忍受。所以她們近十多年來的女權運動，最響亮的口號便是Equal Pay；不過，也有少數例外，如像國會議員、內閣部長之類或州長、州務卿等，其薪水男女一樣，可是那只是婦女中極少數的人物，而絕大多數的女性，卻仍然受著歧視。

因此美國婦女悟出來一個道理，婦女之所以受到歧視，主要是缺乏一個男女平權的憲法條文，因此她們要去爭男女平等就沒有依據。所以最近十年來，美國婦女們要爭取的是「憲法平權修正案」，這就是我們常在報上看到的Equal Pight Amendment，簡稱ERA修正案。爲此，女權運動者在全美各地展開示威遊行，要求修改憲法，增訂二十七條，以達到男女的眞正平等。在這裡，本人想簡單的把二十七條修正案加以解釋。

美國憲法原來只有二十六條，現在婦女們要求增加一條有關男女絕對平等的條文，所以就有了第二十七條的產生，這一條的內容共分四段，各有所指，其中頭一段便是規定婦女在任何方面享有的權利，絕對要與男子完全一樣，包括服兵役在內。不過這一條至今仍未完全獲得通過，其中原因很複雜，主要的有三點：①修憲的程序很不簡單，不是一下可以通過的。②美國政府是聯邦制，對於各州的意見必須尊重。③美國是一個多元種族的國家，必須顧及到各方面利益的均衡。所以這並不單純是一個男女平權問題。

提到美國婦女服兵役一事，在這裡我要講個插曲，十年前（一九七〇），本人因出席白宮兒童會議，在華盛頓住了十九天，那時美國的女權運動正達到高潮，每天都可在報上看到有關她們在全國各地遊行示威的新聞。會議畢，我便告訴大使館的周書楷大使，我想去拜訪華府的女權運動的負責人，請他爲我安排；經大使館的打聽，才知道這位女權運動者的首領，Crester夫人住在維吉尼亞，於是約定某天下午去她家訪晤。記得當時是由文參處一位官員開車陪我去的，那正是十二月，風雪很大，這位Crester夫人在她的會議室裡暢談美國女權運動的宗旨，主要的目的便是修改憲法，使婦女在憲法地位上與男子毫無軒輊。當時我便反問她：「如果在憲法上男女處處一樣，婦女豈不是要服役？」我這一句正好問到要緊處，她馬上笑著回答我：「對了，對了，我們婦女就是要服役，處處與男子絕對一樣，既不多也不少，這樣我們才可以和男子處處平等，當兵也是我們心甘情願的事。」我又再問她一句：「女子在生理方面，究竟不太合適當兵，中華民國的憲法，一開始便在第七條上寫明男女一律平等，但對於女子當兵卻是除外。」這時她很急促的回答我說：「那是你們的哲學，不是我們的哲學。」

當時這位女權運動者的女兒也在旁邊，一聽到我說中國的女孩子不當兵，便幫著她母親對我說：「當兵有什麼關係，我還希望早點去軍中服務呢。」

由這些地方可以看出美國女權運動做的有多徹底。近幾年來，她們奔走、呼口號、要求修憲。好不容易她們的要求才在國會獲得初步通過，但該修正案卻留下了一條尾巴，就是必須在一九七九年三月二十二日以前，獲得美國三分之二以上州議會的批准，才能正式成爲美國憲法第二十七條。可是自從一九七七年一月直到一九七八年的六月，已批准的州只有三十五個，尚缺三州才能構成三分之二以上的多數，以後也一直未曾增加。相反的，在一九七八年六月七日，當伊利諾州州議會對批准該修正案進行表決時，不幸竟以一〇一票對六十四票而遭否決。這對女權運動者眞是一大打擊，她們看到情勢有逆轉的趨勢，恐怕修正案在一九七九年三月以前不可能獲得三分之二多數州議會的批准，而前功盡棄，於是便發動婦女和支持該修正案的男士們共十萬人，於一九七八年七月十日，在華府遊行示威，要求延長批准時限。經過婦女們多方努力，國會參議院終於再通過延長平權修正案（ＥＲＡ）的批准時效至一九八二年。

究竟此一修正案將來命運如何？目前尚難預料。不過據說卡特夫人羅沙琳對此案頗爲積極，曾在內閣中頻頻奔走，尤其對幾位女部長寄予很大的希望，希望她們能發生實際的影響力量。

前不久，我們從報紙上看到，卡特總統爲了日益緊張的國際局勢，除了增加國防預算外，並提出了徵召婦女服兵役的構想。目前卡特正在爭取連任，如他競選成功，一九八二年的憲法修正案就很可能順利過關，且讓我們拭目以待罷！

一、我國婦運的方向

談到我們自己國家的婦運，不能不讓我們先來回顧一下，本人也把它分爲幾個層次來講。

(一)女權運動歷史的演進

中國是一個文明而古老的國家，因爲文明，所以有許多古聖先賢創立了世界之許多國家所沒有的「法」與「禮」；因爲古老，所以人們的腦海中存在著數千年不易改變的舊觀念。其中單拿對婦女的許多規範，除了家喻戶曉「三從四德」、「男尊女卑」、「夫爲妻綱」、「女子無才便是德」……等束縛女子的金科玉律之外，連我們的至聖先師孔老夫子也不能例外的說：「惟女子與小人爲難養也。」詩經上更有一段重男輕女的詩章說：「乃生男子，載寢之牀、載衣之裳、載弄之璋，其泣喤喤，朱芾斯皇，室家君王；乃生女子，載寢之地、載衣之裼、載弄之瓦，無非無議，唯酒食是議，無父母貽罹。」因此我國自古以來，對於女子的天資、才能、人格、地位早已被貶得一文不值；尤其使女子受到最大的傷害和折磨的，莫過於南唐李後主倡導女子纏足了。這樣以來，女子忍受社會上各種精神虐待外，再加上肉體上的刑罰，使婦女終生不但失去了身體的健康，行動不便，無力自求發展外，更徹底把全國人口半數的婦女，由此關進了牢籠似的家庭，帶上無形的枷鎖，無法展翅高飛，這對婦女身心的摧折，一直維持了千餘年之久。在這樣漫長的歲月裡，但仍有少數女性，不爲世俗所囿，衝出閨房，獨立奮鬥，自我教育，在歷史上嶄露頭角，做出一番驚天動地的事業來。如南宋的梁紅玉，明末的秦良玉、沈雲英，太平天國的洪月嬌，清末的秋瑾，都是一時出類拔萃的人物。

時代的巨輪畢竟不停的在向前飛轉，自從海禁大開，歐風東漸以來，因東西文化的交流，我國的社會風氣便起了急劇的變化，尤其是領導中國革命的 國父孫中山先生，喊出了「男女平等」響亮的口號，喚醒我國婦女一同起來參加革命的陣營。接著又受「五四」新文化運動浪潮的衝擊，一般人對於婦女的地位也開始重新加以估價，於是「婦女解放運動」便如火如荼的在全國各地展開。當時婦女解放最主要的目的，是要求婦女接受教育，廢除女子纏足的陋習，以恢復婦女們身體的自由和知能上的發展。

㈡國父倡導男女平權及其影響

推翻我國數千年專制政體，建立一個「民有、民治、民享」的中華民國，是 國父孫中山先生畢生獻身革命的志願。三民主義政體之最大特色，在於人民享有多種基本的平等權利，所以「男女平權」早爲 國父所昭示，而載於中國國民黨的政綱政策之中，茲擇錄數則以概其餘。

第一、民國元年八月二十五日 國父在北京國民黨成立大會演講時即提出「男女平等」一語。並在國民宣言中，提出振興教育之主張，其中之一即爲「女子教育」，其中云：「女子教育，所以增進女子知識，發達女權。」

第二、同年九月二日，復於致同盟會女同志函中說：「男女平權一事，文極力鼓吹，而且率先實行。」

第三、民國十五年四月四日，對廣東女子師範學校講演時說：「從前滿洲人做中國皇帝時，不但女子不能過問國事，就是男人對於國事也不能過問，經過革命以後，大家才都有份，大家都可以過問國事。」又說：「民權主義，是用來對國內打不平等的，我們主張民權革命，要政治上人人都是平等的，就是男女也要平等，所以我們革命之後，便實行男女平權，中國革命之後，不要女子來爭，便給女子參政權，要全國男女政治地位，一律平等。」

第四、同年四月十三日 國父演講民權主義第四講，歷述歐美婦女爭取選舉權的經過：「當時不僅男子反對，甚至若干婦女亦反對，所持理由，乃爲男子所能做之事，婦女不能做，大都認爲婦女聰明才力，不及男子。及至歐戰發生，男子效力戰場，多數事業，以及後方一切勤務，都靠婦女擔任，因此歐戰後，婦女選舉權乃獲確定，無人再加反對。」

由於 國父對於男女平權的主張常率先示範，所以國民黨的政綱政策之中，才明訂婦女政策。根據民國元年元月 國父將「男女平權」的主張明文規定於同盟會總章第三條文內；「民國八年中華革命黨改組爲中國國民黨，政綱第五條規定「男女平權」；民國十五年改組時，發表政治主張第六條爲：「確定婦女與男子地位平等，並扶助其均等的發展。」復於第一次全國代表大會通過之政綱對內政策第十二條揭示：「於法律上、政治上、經濟上、教育上、社會上確認男女平等之原則，並促進女權之發展。」民國十九年第三屆三中全會復決議：「男女教育平等，女子教育並須注重陶冶健全的德性，保持母性的特質，並建設良好之家庭生活及社會生活。」

中國國民黨恪遵 國父遺教中對於男女平等的主張，所以在制定憲法時，曾有許多條文，明定婦女在政治、法律、教育、經濟及社會各方面應享之平等權利。所以中國婦女享有今日之自由平等幸福的生活，考其原因，實由 國父之率先倡導所賜。

㈢五四運動與女子高等教育

「五四運動」，是中國文化、教育、政治、社會各方面一個極大的轉變時期，而在教育與文化方面，影響力尤大，婦女解放運動可說在此時也達到了高潮。處在那種新舊社會衝擊的時代裡，許多婦女先進都在全國各大都市中發起了婦女解放運動，她們除反抗禮教之外，最主要的，是婦女要求接受高等教育，要和男子一樣進大學讀書求知。

五四運動以前，女子高等教育之處所，僅教會所辦之北京協和女大（又稱燕京女子大學）、南京金陵女大、福州華南學校三處。燕京女子大學，創辦於宣統元年（一九〇八年），後歸併於燕京大學；金陵女子大學，創辦於民國四年（一九一五年），其畢業生由美國紐約大學給以學士學位；華南女子大學，於民國三年創設於福州。北京女子師範，在民國六年（一九一七年），曾開辦國文教育專修科一班，七年又開辦手工圖畫專修科一班。

眞正辦理女子高等教育是由「民國八年四月二十三日教育部令就北京女子師範學校設立北京女子高等師範學校」開始，此爲由政府主辦之唯一女子高等教育機構。不過五四運動也有不好的一面，例如當時左派人士受了共黨的利用，「打倒孔家店」的口號便是由那時叫出來的，後來影響了我們國家整個前途。

㈣憲法保障女權的規定

民國三十四年對日抗戰勝利結束，政府開始還都南京；三十五年召開國民大會，制定中華民國憲法；三十六年一月一日由國民政府公布，同年十二月二十五日施行。該憲法規定男女平權者約有下列各條；

第七條　中華民國人民，無分男女、宗教、種族、階級、黨派，在法律上一律平等；

第十五條　人民之生存權、工作權及財產權應予保障。

第十八條　人民有應考試服公職之權。

第廿一條　人民有受國民教育之權利與義務。

第廿三條　以上各條列舉之自由權利，除爲防止防礙他人自由，避免緊急危難，維持社會秩序，或增進公共利益所必要者，不得以法律限制之。

第一百五十九條　國民受教育之機會一律平等。

除憲法之規定外，又對於各級民意代表之選舉法規中，更明定了婦女保障名額爲十分之一。

我國婦女雖遭受了數千年的壓迫和歧視，而今憲法條文中卻能如此公正的對女權加以保障，一方面固由於中國國民黨一向主張伸張女權，另一方面亦由於我們婦女領袖蔣夫人的全力維護，以及參與制憲的婦女代表在會議中據理力爭之結果。現在我國婦女各級議會被選舉權上所享有的優遇，已為歐美各國婦女所未有，眞可謂是後來居上。

㈤婦女本身的努力

男女教育機會的均等，是民國以來政府對婦女的一項德政。政府遷臺以來，對於教育特別注意，在高等教育方面，一直採取男女兼顧的政策，這也是使婦女達到自立自強的主要原因。婦女有了接受各級教育的權利，故使她們的眼光與抱負從一個小天地裡擴大而到了廣闊的世界，有了教育機會均等，和升學考試的公平競爭，女性的才華始大為展露，她們知道這一機會得來不易，所以大多數的女性都能把握時機，埋頭去苦讀苦幹，以期將來在學業上或事業上稍有成就。不可否認的，近半世紀以來，中國婦女也曾有卓越的表現，她們大半負責內外兼顧的角色，如得到服務社會的機會，總是兢兢業業，全力以赴，所以無論在教育、文化、政治……各界，婦女只要能佔一席之地，大半都有優良的成績表現，更少有違法犯紀或貪贓枉法等事件發生，即是中下級工作的婦女，也都能謹守崗位，克盡厥職，一方面擔任家庭主婦的角色，另一方面為社會貢獻力量。

㈥今日我國婦運的方向

前面說過，我國男女平權，早爲　國父所昭示，又載於中國國民黨的政綱政策之中，更明載於憲法之中，所以我國的婦女政策，是根據　國父遺教和故總統　蔣公遺訓，及本黨的領導方針。其主要目標，在於培養與激發婦女本身的力量，解除束縛婦女的封建枷鎖，進而輔導婦女接受教育，啓迪知識，參加社會服務與國家建設，由此逐步實現男女平權的理想。根據以上各項目標，民國建立至今六十九年，本黨的婦女政策和方向，始終是隨著時代的演變、革命的需要與社會服務三者，促成了婦女在政治地位上的表現。民國四十二年十月，本黨中央成立婦女工作指導會議，是爲黨的婦女工作之決策機構，由蔣夫人擔任指導長，本人也忝爲指導委員之一，同時成立婦女工作會，係中央業務單位之一，爲婦女工作之策劃指導機構。二十餘年來，在總裁蔣公暨指導長　蔣夫人、蔣主席經國先生領導之下，積極推展本黨婦女工作，也就是針對反共復國的基本大業，有計畫的全國號召、策動，組訓全國婦女從事各項實際工作，直接間接參與福利社會，建設國家的各種活動。這種政策的精神所在，不唯符合本黨現階段的革命任務，及國家民族獨立生存的時代要求，也達到了眞正扶植發展女權的最高意義。

如果要拿美國婦運與我國婦運做一比較，可說其性質顯然有所不同。第一，就國內言，美國立國兩百年來，除南北戰爭外，本土沒有打過仗，婦女們所感受到的，除不能與男子享有某些平等權利之外，從未遭受過像中國婦女那樣國破家亡，流離失所的傷痛。中國婦女多年來，飽嚐了軍閥的內戰、日本人的侵略，以及共匪的叛亂，這些痛苦和對國家民族所背負的重擔，要比美國婦女多而沉重。第二，就國際上說，今天我們國家面臨著國際姑息的逆流，敵人處處想孤立我們，而在世界各地，共匪又不斷使用他統戰的花招。可是，我們建國的理想，是實行三民主義，我們革命的目標，是光復大陸國土，所以我國婦運的方向，是要把國家民族的利益，置於我們本身利益之上，因爲沒有一個獨立的、自由的、民主的、法治的中華民國，我們婦女就無法享有平等、安樂和幸福的生活；所以我們首先要爲反共而努力奮鬥，以期光復大陸，實現三民主義，並非是專爲爭取婦女權益的狹隘的舉動。換句話說，我們先犧牲小我，完成大我，自然在婦女本身所擔任的角色，也是內外兼顧，雙重責任。

目前我們雖不如美國有那麼多的女性閣員（三位女部長、三位女州長、九位女州務卿），但我們要不斷的奉獻，投入我們的力量，爲未來的婦女開創出路。近十年來，各界婦女人才倍出，終有一天，婦女會被政府重用，擔當國家重責大任。

在座的各位，平日接受的訓練是文武合一、術德兼修的完整教育，諸位在生活上，要比一般大專女青年豐富而多采多姿，在人生的經驗上，也多了一層磨練和激勵，同時妳們又站在國防的第一線，對於捍衛國家的知能最爲熟練。更重要的是，你們並非國家硬性徵兵入伍的，而是出於一片愛國救國的熱忱與宏願，自動自發的投身在這個偉大的行列。每當你們的英姿出現在總統府前，或螢光幕上時，一看到你們挺拔的陣容，眞可令中國女性引以爲榮。所以本人極希望你們以堅定的信念，接受革命教育的洗禮，相信你們將來不但能爲國家擔負重責大任，同時更會爲全體婦女和你們自己，創造光明的前程。在這裡，我祝福你們的勝利成功！

三月六日在政戰學校對女生連學生演講

大時代的新女性

一、概談世局

自第二次世界大戰結束後，三十多年來，整個世局的變化太大太快，可以用「風起雲湧」四個字來形容。這種變化造成了莫大的惡果。我們中華民國所遭逢到的空前的內憂外患，便是其中之一。雖然世界民主陣營，終於戰勝了獨裁納粹的侵略，但赤色帝國主義的魔掌，又向全球各個角落伸張而來。從地緣上看，中國大陸的淪入共匪暴政之手，東歐許多國家，先後變成了蘇俄的附庸，還有古巴的赤化，非洲長期的動亂均由此造成，而中東以色列與阿拉伯國家之間的糾紛，更增加了整個局勢的複雜性。在東南亞方面，由於美國數年來在越南打不求勝的戰爭，終於使高、寮、越三國相繼淪入共黨統治，人民因受不了暴政的迫害而紛紛逃亡，成爲海上的難民與中國大陸人民的逃亡潮，織成了人間最悲慘最無人道的一幅畫面；讓全世界都爲之震驚不安，尤其是最近一年多來，由於美國當權者的無知和短視，居然背信毀約，與共匪建交，夢想聯匪制俄，竟與我們這個忠實長期的盟邦斷交。再看看去年伊朗刼持美國人質，與蘇俄侵略阿富汗的事件，以及目前中南美國家的相繼發生政變，與刼持外交使節，還有去年冬韓國總統的遇刺、暴動，和前兩月韓國光州市民的暴亂，以及美國邁阿密的黑人暴動流血事件，這一切的一切，簡直令關心世局的人們，感到這眞是一個道德淪喪，正義不彰，邪惡橫行，暴力統治的世界；所謂公理、民主、自由、和平與共產、獨裁、極權、奴役的涵義，越來越混淆不清。加之兩個超級大國，不斷的作武器競賽，使世界和平，備受威脅，而且竟有少數的弱小國家（如巴基斯坦），連人民的生活都不顧，來浪費有限的財富，搶著表演核子試爆，以表示自己國力的強大。更不幸的，最近幾年，全世界發生石油危機，影響了各國工業的正常運轉，造成各個國家內部的不安，通貨膨脹，經濟不景氣，失業人數增加，這些大大小小的事件，都接踵而來，彷彿使這原本美好的大千世界，籠罩在一片陰霾之中，全球亂哄哄的景象，已大有「山雨欲來風滿樓」的趨勢。雖然我們對世局的一切變化，目前尙難正確的評估，但世界危機日益加深，總是事實。

二、今日我國社會的面貌

處在這樣一個混亂的世局之中，任何國家想要置身事外或獨善其身，幾乎是不可能的。由於世界的距離越來越小，在時間和空間上，都有牽一髮而動全身的感覺。我們的國家，雖是居處東北亞，但在整個世界戰略上言，仍佔有舉足輕重的地位。今日任何國家，無論採取何種政治或經濟制度，都不可能十全十美的，總是有若干的缺失存在。就拿號稱自由民主領導者的美國而言，他們的民主制度，目前正受到嚴重的考驗，可以說是漏洞百出，高度的文明，引發了許多問題；最顯著的是過多的個人自由，幾乎使傳統家庭解體。再以我們自己的國家來說，雖然是亞洲一個最古老，而文化又最悠久的民主共和國，但近半世紀以來，因內憂外患迭起，加以受世界上各種潮流的衝擊，我們原來許多的思想與觀念都發生了動搖；一些固有的生活方式，也隨之改變，使得一般年輕人有迷惑而不知所從的感覺，所以如果要談到今天我們臺灣社會的面貌，可以從兩方面來看：

先從好的方面看：中華民國是以三民主義立國，政府遷臺三十年來，各方的進步有目共睹。例如實行民主法治，使人民能安居樂業；實施自由經濟，獎勵私人投資，使經濟繁榮，也把一個農業社會，逐漸帶進了工商業社會；在教育方面，盡量使機會均等，不但男女平等，甚至不分年齡、貧富，更因空中教學的便利，使國民享有終身教育的機會；推行社會福利，縮短了貧富的差距。這種種措施，都是由於政府想把臺灣建設成爲一個民有、民治、民享的三民主義的大同社會。但在這長程建設的過程中，社會上不免又發生許多畸形的現象。

我們可從另一角度來看：近十多年來，由於工商業的快速發展，對外貿易的日趨增加，社會便繁榮富足起來；同時政府對於私人投資或出口貿易，都採取積極輔導的方式，於是崛起了不少的大小企業家，社會上也處處充滿了欣欣向榮的一片好景，因此影響到一般人的觀念，都想發財致富，人人都忙著賺錢，生活緊張，尋找刺激，昔日農業社會裡那種純樸保守，和與世無爭的作風也逐漸消失了。加之受到外來種種風氣或潮流的影響，國人的生活觀念，行爲標準，和價值判斷都在加速的改變；尤其是在物質方面，高樓大廈林立，漂亮的汽車滿街都是，夜總會城開不夜，商店櫥窗裡更是五光十色，人們追逐的，彷彿就只有物質層面的享受。相對的則是精神生活的貧乏，與對倫理道德的忽視；自私自利和唯利是圖的情形則越來越多了，所謂「笑貧不笑娼」，使得人們的目光短淺，心胸狹窄，人與人之間的關係冷漠，家庭之間夫婦與親子間關係也逐漸淡薄，這也影響到了青少年兒童的生活和行爲，一不小心，便會造成少年犯罪。當然，過快的生活步調，與過高的生活壓力，增加了心理的不安，也增加了人與人衝突的機會，於是人人都要自衛，大家都缺乏安全感。這種情形，雖是目前世界各國工商業社會中的通病，但我們中華民國，畢竟是一個具有悠久歷史文化的國家，我們的情形，雖比歐美其他國家略勝一籌，但應如何來維護我們固有的傳統道德，而不完全爲純物質文明所左右？如何提升一般人民的精神生活而不爲奢靡的物慾淹沒？如何疏導個人的情緒而造成一個健康和諧的社會？實在是當前嚴肅的課題。換句話說，我們如何在目前經濟繁榮和物質生活進步中，能不失去我們固有的一切傳統美德和優良的社會風氣，實在是個值得我們來共同關切的問題。這更令我們感覺到教育的重要，尤其是家庭教育和母親責任的重大。

三、世界潮流的衝擊

儘管當前的世界，充滿了矛盾衝突，暴力與恐怖，但佔全球人口半數的婦女們，依然憧憬著要爲她們自己創造出一個美好的前程。玆以美國婦女爲例，近十年來，她們所掀起的「女權運動」，是大家所熟知的，可以說至今仍是方興未艾。美國女權運動者的最終目的，是要求美國國會修改憲法，增列男女絕對平等的憲法條文，使她們享有與男子同等的權利。但目前這一目的，尙未完全達到，所以她們仍要再接再厲，以爭取男女平權法案的通過。

在此，本人想把美國婦女爭取此一法案的情形略加介紹。

美國婦女近十年來到處奔走呼號，爲的是爭取憲法平權修正案的通過。我們也常在報紙上看到這個消息。她們認爲只有如此修改憲法，才可達到男女間眞正的平等。

因此，要求美國國會增訂憲法第二十七條。究竟此條的涵義是什麼呢？

美國憲法原來只有二十六條，現在爲了人民的請求，所以就有了第二十七條的產生，這一條的內容共分四段，各有所指，其中頭一段便是規定婦女在任何方面享有的權利，絕對要與男子完全一樣，包括服兵役在內。不過這一條至今仍未完全獲得通過，其中原因很複雜，主要的有三點，第一、修憲的程序很不簡單，不是一下可以通過的。第二、美國政府是聯邦制，對於各州的意見必須尊重。第三、美國是一個多元種族的國家，必須顧及到各方面利益的均衡，所以這並不單純是一個男女平權問題。

在她們努力爭取這個包括服役在內的男女平權案的通過時，美國的陸海空各軍事學校，也都開放招收女生，因此有不少婦女走入軍中，接受與男子同樣的軍事教育。本年五月三十日報載，美國女性軍官，英勇不讓鬚眉。報導說有兩百一十三名女子，接受四年的軍事訓練課程之後，自三所美國軍官學校畢業，這是美軍歷來首次有女子自軍校畢業。其中有六十一人自西點軍校畢業，五十五人自亞那波里的海軍官校畢業，九十七人自科羅拉多泉的空軍官校畢業，皆獲頒少尉軍階。她們是一九七六年獲准進入軍校就讀的第一批女性的一部分。又報導，美國海軍軍令部長海華德上將，在亞那波里說，你們與男性畢業生一樣值得尊敬。統計退學的比率，男性和女性一樣高，都爲百分之四十。同時本人近來從電視新聞中看到美國西點軍校女生參加各種訓練——她們那英姿勃勃身手矯健的表現，與男生毫無二致。報導中還說，她們畢業後，不但要爲美國的民主對抗共產，同時還要爲美國婦權運動提供保障，可見她們加入三軍，大概也是爲促成「平權修正案」的通過罷。

前不久，我們從報紙上看到，卡特總統爲了日益緊張的國際局勢，除了增加國防預算外，並提出了徵兵婦女入伍的構想，目前卡特正在爭取連任，如他競選成功，一九八二年的憲法修正案是否可以順利通過，且讓我們拭目以待吧。

回過頭來，再談談我國婦女的情形。自西風東漸以來，已過了半個多世紀，我國婦女，多少也受到這種世界潮流的衝擊。單從「五四」運動前後來說，有人說五四運動，是白話文與婦女解放的運動，雖然不見得完全正確，但對我國婦女而言，卻是自五四運動以後，我國婦女大大的覺醒了，不但要爲本身爭取解放，同時還要爭取與男子同等的受教育與參政的權利；更値得一提的是，有不少婦女先進，還參加了　國父所倡導的國民革命的行列，這則又是爲國家民族爭取獨立和解放。而且　國父孫中山先生，在民國六年國民黨成立大會時，便提出「男女平等」的口號，並在國民黨宣言中，提出振興「女子教育」的主張。可見我們的　國父實在是一位先知先覺者。後來，故總統　蔣公又繼承　國父遺志，領導國民革命，而蔣夫人對女權的扶植也是不遺餘力。在對日抗戰八年中，全國婦女在蔣夫人的領導下，爲前方抗戰將士服務，也使得行憲後中央及地方才產生了不少的女性民意代表。至今，蔣夫人仍在繼續領導全國婦女，從事復國建國的神聖工作。

四、我國女性的表現

中國人，具有一種堅毅的民族性格，且有敦厚和容忍的品德；尤其是中國的女性，即是處於困危之中，仍能保持果毅與勇氣，安心忍受現狀，卻不屈服於困難，更蓄有不可思議的潛在力量。因此婦女雖在數千年封建思想的桎梏下討生活，仍然保存著這些優良的品質，自從我國婦女獲得受教育的機會以後，大半都會產生一種謀求獨立與發展的思想和觀念，尤其在接受了高等教育之後，她們的眼光與抱負，更從一個狹小的天地中，擴展到廣闊的世界，女性個人的才華也大爲展露。不過，因在五四運動期間，有些婦女受了共產思想毒素的影響，不免有過激的言論與行爲（如打倒孔家店、離家出走或一杯水主義等），但大多數婦女，仍能本著我國傳統的文化與社會習俗，而有所作爲。無論是相夫教子的賢妻良母，或是專心服務社會的職業婦女，她們多能體認到本身對家庭所扮演的角色和所負的責任，而盡量能內外兼顧，使家庭與事業並重，或者是奉獻自己，做一位幕後英雄。

以近三十年來看，在政府機關各級民意機構中，都有不少的婦女人才，尤其在教育界，企業界，近年來更是人才輩出。而在高等教育方面，近十多年來，由於考試的公平競爭，大專院校女生入學人數竟凌駕男生之上，各級學校的女教師亦與日俱增。這在在說明了，我國婦女的自強不息的精神，因爲她們深深了解，這種機會得來實在不易，所以大家都能把握時機，埋頭苦讀或苦幹，以期將來在學業和事業上有所成就。這在社會上各行各業中都可看到。而且她們大都能內外兼顧，既要擔任家庭主婦，又要爲社會服務，可以說任勞任怨，艱苦備嘗。因爲我們都知道，一個女子要想在家庭及社會上均有相當的發展，其所受到的壓力，與所要完成的工作，要比男性更大更重，也更值得我們敬佩。

五、繼起一代的新女性

本人所謂繼起一代的新女性，是指成長在臺灣光復後一直到今天的女孩子。自從大陸淪陷，中央政府播遷臺灣以來，在此時此地出生的女性，現在都到了「而立」之年，她們雖然生在一個極爲動亂世界中，但卻長於一個自由安定的社會裡。父母生之、育之、政府養之、教之、使她們能夠在安定繁榮的歲月中逐漸成長，讓她們按部就班的接受各種教育，培養她們生活上必備的知識和技能，爲她們安排適當的工作，讓她們有發揮所長的機會。更重要的是鼓舞她們的志節，使她們認識個人對國家社會所負的時代使命，也讓她們看到並親身感受到了在三民主義的國策下，人民所享有的衣、食、住、行和育樂。讓她們知道，這是一個實行民主、法治的政府，也是一個自由開放的社會。因此，在她們的周圍，充滿了光明和希望，對未來也抱著無限的憧憬和喜悅。所以她們的人生觀是樂觀、進取的，奮發和服務的；尤其是諸位，能把你們的智能和最好的年華，投入軍中，把對國家民族的一腔熱愛，奉獻給三軍將士，便是最難能可貴的表現。

本人在此，想把我國婦女的生活，在這短短的數十年中以個人的看法，加以劃分和比較：

㈠民國建立，再造中華，在五四前後的那一階段，可以說正是我國婦女們覺醒與謀求本身解放的時期，當時社會風氣不開，封建與共和制度新舊交替，先知先覺的女界前輩們，爲了解救婦女同胞本身的痛苦（如婚姻不自由），和爭取男女平等的權益，她們在當時是要背上一個大逆不道、反抗傳統禮教的罪名的，所以她們得要拿出千百倍的勇氣和決心，才可衝破當時的封建社會的習俗，走出閨房，拋頭露面，與外面的世界接觸。加之當時我國國勢不振，飽受各帝國主義的侵略與欺凌，爲了拯救國家民族，她們又毅然決然的參加了國民革命的行列。可以說不論是爲自己，爲國家，都曾付出相當的代價，今天八十歲以上的女界前輩們，都有過這一段不平凡的經歷，而且至今還津津樂道。

(二)其次再談到三十年代的中國婦女，在國家經歷了多年軍閥的混戰後，　蔣公領導北閥成功，統一了全國，地方割據的局面大體結束，女子的各種權益也被社會所肯定，尤其是　蔣公接著又提倡新生活運動，國家更顯出一片朝氣。不幸日本軍閥，看到中國快要復興，便引發了「九一八」事變，侵華的野心，明目張膽的暴露無遺，不幾年，終於「七七」抗戰爆發了。在八年浴血戰爭中，當時的女青年，便是今天六十歲上下的婦女，她們在前方後方，大都參加了救援傷患的工作，也大半投入了當時由蔣夫人所領導的中國婦女慰勞自衛抗戰將士的後援組織，爲抗日而貢獻力量，今日中央民意婦女代表中，就有不少是當年參加抗戰工作的婦女，本人也是其中之一。回想起當年目睹日本軍閥在我國平津一帶的蠻橫殘暴，以及日機在我國大後方濫施轟炸的那種慘無人道的暴行，至今仍令人憤恨不已，這筆血債，眞令人永遠難忘。

好容易熬過了艱苦的八年，眼看著日本戰敗投降，我國得到最後的勝利，正在政府復員還都之際，誰料共匪卻在蘇俄的卵翼下坐大，於是全國又陷入了戰亂，政府不得不再負起戡亂的大任，全國老百姓，又再一次遭到顚沛流離，四處逃亡的命運。本人便是由重慶還都南京，不久由南京而遷往廣州，再由廣州而重慶而成都，最後才來到臺灣的。

(三)最後，讓我們看看五十年代的女性。她們比「五四」前後，和三十年代婦女的情形又怎樣呢？比較起來，老實說是幸運多了。因爲她們在一個安定富足的環境中長大，不曾經歷過炮火連天、燒殺逃亡的恐怖，也不了解家破人亡四處離散的痛苦，更不曾身受無衣無食、飢寒交迫的煎熬，展現在她們面前的，卻是一片良辰美景。由於七十年代科技的不斷進步，電腦的發明，生活日用品和環境的改善，一切設施的電氣化，使一般人們的生活更加便利，食、衣、住、行的標準，也在不斷的提高，尤其近年來我們十大建設完成後，更促進社會的繁榮。在這種安定、進步的社會條件中生活，求學自然有更大的成就，而事業也自有更好的發展了。

所以本人認爲，我們中國的婦女，一代比一代幸福，也一代比一代高強，眞所謂「長江後浪推前浪，一代新人換舊人」。更値得讚美的是在座的各位，你們雖然在安定幸福的環境中長大，但你們卻無私無我的投入軍中，在前線、在後方、在高山、在海濱，爲三軍將士服務，參加了保國衛民的偉大工作，與戰士們一同負起了反共復國的艱鉅任務。你們這種以國家民族存亡爲己任的高尙志節，已爲我們中國婦女，寫下了光輝的一頁。近年來，常從報紙上看到，美國產生了好幾位女將領，例如美國一位女性出任了空軍助理部長，妮達愛絲克拉芙特太太是目前美國空軍最高階級的女性，她的計畫和政策，可以影響一百多萬空軍人員。又如前年五月報載，美國陸戰隊也添了一位女將軍，名叫瑪格麗特布魯兒。本人相信，將來有一天，我們中國同樣的會有這種新聞出現。可能就是在座的各位，因爲你們已擁有了這種優異的條件，在此預祝各位的成功！

六、結　論

由以上所敍述的種種情勢來看，我們中國的婦女，在近六、七十年來，正生活在一個有幸有不幸的大時代中。幸運的是，我國男女平等，既有國父昭示於前，又有故總統　蔣公和夫人領導於後，而本黨的政綱政策及憲法條文中，都有男女平等的規定，比起美國婦女至今尚未爭取到男女平權，實在是幸運多了。但不幸的是，我們大陸被共匪竊據了三十年，而全世界又正處於核子大戰的邊緣，衡諸國內外的各種情勢，不管世局如何險惡，我們光復國土、復興文化的目標絕不終止或改變，因此也絕不容許我們婦女界悠遊歲月，漠視世局，尤其臺灣海峽對面的共匪，正在虎視眈眈的想消滅我們。爲了實現我們光復大陸國土、復興民族文化的目標，爲了維護我們自由民主的生活方式，更爲了我們後代子孫的幸福，我們全體婦女同胞，首先要體認到沒有國家，那有個人，今後一定要把自己的命運和國家民族的命運，緊緊地連結在一起，樂觀、奮鬥、團結、互助，以完成大時代中新女性的偉大任務。

（69年6月26日在國防部女青年工作大隊木蘭村演講）

臺灣光復四十年來教育之回顧與展望

四十年前，由於中共在大陸叛亂，中央政府遷來臺灣省，便做了生聚教訓的打算。那時臺灣光復後不久，也由於受了五十年日本人的統治，使臺灣同胞民窮財盡，百廢待舉。政府遷臺之後，便在政治、經濟、教育各方面力圖改革。首先要使臺灣同胞在脫離日人統治之後，生活於自己國家的制度之下，所以在經濟上便實施土地改革，以改善大多數人民的生活；在政治上實行地方自治，使人民有參政的權利；在教育上全力推行國語，使人人有接受教育的機會。於是形成了臺灣社會一片欣欣向榮。加之中央政府由大陸帶來了大批黃金與各種人才，更增加了臺灣蓬勃發展的氣象。

不過，當時海峽對岸的中共，隨時企圖入侵臺灣，政府爲了確保臺灣不被赤化，不得不採取戒嚴措施。可是在長期戒嚴中，筆者感覺臺灣社會，在各方面並未因戒嚴使腳步停頓下來，尤其是教育方面，反而因安定有許多突出與進步之處：

第一、人口不斷增加，由民國四十年的七百八十多萬到今年七十八年的兩千萬人。

第二、國民收入普遍的提高，由民國四十年每人每年平均所得一、四〇七元新台幣，折合美金一三七元，而到七十八年的每人每年平均所得一八一、六九八元，折合美金將近七千元之譜。

第三、各級學校（由幼稚園到大專）數與學生數不斷增加，茲提出一簡單數據如后：

學年度	學校數	學生人數
三十九	一、五〇四所	一、〇五四、九二七人
四十七	二、五九三所	二、〇八七、〇九五人
五十七	三、八一五所	三、六一四、七三七人
六十七	四、八二四所	四、五二九、六六三人
七十七	六、六二八所	五、一九七、〇〇二人

第四、中央及地方教育經費比率不斷增高。筆者僅提出中央教育文化之經費佔國家總預算歲出總額之百分比如左：

一、三十九年度　百分之〇・六
二、四十九年度　百分之二・八
三、五十九年度　百分之四・三六
四、七十年度　百分之八・三

五、七十五年度　　百分之十二・三

六、七十七年度　　百分之十三・六

七、七十八年度　　百分之十五。

由以上簡單的數據，可見四十年來教育發展的一斑狀況。更難能的，國家近十年來曾遭受一連串的挫敗，例如石油危機，退出聯合國，許多國家與我們斷交，尤其是中美斷交等。但在教育的發展上，卻並未受到影響，也未受到任何阻礙，留學生依然每年有三、四千人出國深造，這都表現出我們國家能處變不驚在穩定中求發展。

讓我們展望國家的未來，目前我國國力的充沛、人民的富足、經濟的繁榮、政治的革新，實在是我國史無前例的一個盛世，這也是由於我們各級教育突飛猛進，國民知識水準普遍提高，人民求知慾和讀書的意願日益增高所致。因此筆者認爲，臺灣光復四十年來，由於教育的進步與發達，才使各種人才倍出，人力資源不虞匱乏，而對人力資源的充分運用，所以才形成了國家在各方面的進步與繁榮；尤其是國人本著中國儒家的傳統美德與吃苦勤奮的精神，才造成了今日「臺灣奇蹟」。在經濟上，我們的成就爲世界各國一致讚許，對外貿易佔世界第十四位，外匯存底名列前茅，許多國家都想和我們做朋友，我們也採取了彈性外交，因此近來有些國家和我們建交或復交。這一份成果得來實在不易，完全是由於朝野上下多年努力奮鬥的成果，大家豈能不格外珍惜；進一步更要保持中國傳統的忠恕之道與勤奮精神，使「臺灣經驗」推行到大陸各地，更普遍推行與我們友好國家，使我們的國際地位，一天天提升，早日躋身於開發國家之林。

總之，今後國家的進步與繁榮，仍須靠教育力量來培養人力資源，尤其未來的十二年國民教育實施之後，可能對國民求學與就業有較好較多的機會。不過，近年來由於國人過於重視經濟與物質建設，忽略了人文精神生活的提升，使社會失去平衡。搶劫、暴亂、失序的事件不斷發生，因此我們更需要靠教育的力量，來扭轉社會的不良風氣，靠文化設施，導正人們的行爲規範，和確立生活的價值標準，維護中國固有的倫理哲學的人文精神，使中華民族屹立於未來的世紀之中。展望未來，我們的願望是：

第一，擴充高等教育，積極培養專門人才，提倡並獎助學術研究，使學術在國內生根。

第二，改進九年國民教育缺失，積極準備十二年國民教育之實施，以迎接廿一世紀之來臨。

第三，加強文化建設，重視人文精神的發揚，確立人生的價值標準，強調倫理生活規範，以導正目前社會功利主義的蔓延，與向「錢」看齊的歪風，提高人民生活素質，而形成一個富而好禮的社會。

78年12月中華婦女

成人教育將成為非正規教育的主流

近年來，由於臺灣社會快速變遷，經濟快速成長，形成了社會的多元化，因之經濟結構也起了很大的改變。例如人們的消費大增，工商業高度發展，更由於醫藥衛生和保健的進步，人們壽命的延長，成人休閒時間的增多等。但另一方見於一般人過分追求物質的享受，而忽略了精神生活的充實。此時朝野如能一致的倡導並推行成人教育，可能由此改變社會的體質，進而帶動社會大衆生活品味的提升。

世界各國均極表重視

目前世界各國皆著眼於成人教育的推行，以邁向終身教育的學習目的。例如英國大學的成人教育，以開設文化陶冶科目爲主，開放大學則以隔空方式提供成人進修，西德夜間民衆高等學校，美國的社區大學，日本的放送大學，亦係爲提供成人進修文化陶冶爲主的大學。

我國爲加強成人教育的功能，亦於民國七十五年開始正式開辦空中大學，係以隔空教學方式實施成人教育，以幫助個人成長，傳授專業知識，以提供學術性的進修爲目的。而最近行政院對立法院第八十八會期所提出的施政報告中，在社會教育第一項中即提出了「整體規劃終身教育體系，進行修正社會教育法，及研訂成人教育法，以建立全民化、終身化之健全教育體制，發展與改進成人教育五年計畫綱要。」目前雖然尙未見到具體計畫，但亦可由此看出政府照顧已逾學齡成人之繼續教育的決心，値得讚佩與支持。

不過，任何制度或計畫，貴在執行，如果實際推行不力，一切均屬紙上談兵，筆者擬對今後成人教育之推動提出幾點淺見：

應建立制度以應需要

第一，建立成人教育體系——在一般人的觀感上，都認爲我國是教育比較發達的亞洲國家之一，事實上，臺灣地區不識字及靠自修的成人，以數據約有一百三十餘萬人，其中國小程度成人約有四百餘萬人，國中教育程度的約有七百餘萬人，此兩種成人，都需接受基本教育與成人進修教育。臺灣兩千萬人口中，據統計成人約佔一千兩百餘萬人，可見成人職業進修教育與生活及休閒教育均極爲迫切，很自然的在教育下便會形成一個新的領域，所以在教育體系中，應建立一套成人教育制度以應需要。目前我們雖已設有空中大學，成立至今已有五年的歷史，而第一屆空大全修的畢業生應有五千餘位，至於空中商業專科學校，與空中行政專科學校，和工商業專科進修補習學校，以及高級職業進修補習學校等，均為成人自我學習之場所，行之有年，成績尚稱不錯，在教育政策上應將以上各種性質之成人補習教育整合起來，建立一套成人教育體系，透過正規教育，或非正規教育途徑，辦理各項成人教育活動，以促進全民追求知識的理想，達到終身教育的目的。

此外，對於空大之全修生，修滿學分，成績合格者，應授予學士學位，以資鼓勵。因為全修生之入學考試、學業成績考核、所修學分等，與一般大學生毫無二致，如不授予學位，實有違推行成人教育之初衷，亦不足以鼓勵後來者強烈學習之意願。

充實師資與相關專才

第一，各公私立大學設立「成人教育」系所——從事成人教育，必須有合格及專業人員，英美各大學均設有「成人教育」之系所，專門從事此種工作，我國近年來雖有重視成人教育之呼聲，但尚無具體推行之辦法。成人教育之內容與活動包括甚廣，對不同年齡、不同社會背景及不同需要之國民提供受教機會，必須有受過專業訓練者之參與方爲有效，此種人才，必須由各大學系所加以培植不可。

同時我國推行成人教育已有若干時日，教育當局應對目前從事各種成人教育之教師，給予在職進修機會，以加強其知識與能力。我國在公元兩千年，將邁向經濟大國，國民物質生活條件將更爲充裕，相對的，國民求知慾望將更爲增強，政府與民間必須提供各種進修機會，建立終生教育的理想，以便在快速變遷的現代生活中有良好的適應。

速制訂法律提供經費

第三，透過立法以寬籌成人教育經費——成人教育是多元性的，教育實施的管道甚多，課程及教材更須適應受教者之生活狀況，例如衛生保健、環境保護、休閒娛樂，尤應加強法治觀念與培養民主風度；教學的方式更是具有複雜性，可用傳統式的面對面的教學，更可用隔空的方式施教，例如函授、廣播、電視……等方式。此等設施，非有大量經費支援不可，因此政府須編列預算，並透過立法，方可收到實效。

目前世界各國，多採取立法以促進廣泛的成人教育，例如美國的成人教育法，於一九六六年公布實施後，曾有八次修訂，至一九八二年修訂時才定名爲「成人教育法」。該法案中規定，反地方教育機構或公益性私人團體，在推動成人教育時可申請聯邦政府補助；此外，各州亦有一定之經費比例，以推動成人教育。依美國成人教育法之規定，各州之成人教育經費，須佔全州教育經費百分之十。如此經費落實，推行方能順利。我國推行成人教育，似亦應透過立法，以確保推行無阻。

80年9月30日中華日報

附錄

附錄：

趙文藝的「萬里前塵」

尹雪曼

爲了紀念國立西北大學建校四十二週年，這個月的十二日，我寫了一篇〈西大四十二年〉；中間提到許多位爲我欽敬的西大師長與同學。但是若把西大的範圍擴大，說到國立西北聯合大學，値得我懷念與稱道的師長與同學就益發衆多。這篇短文要說的，就是我對趙文藝學長的敬佩。

與趙文藝學長的相識與相稔，乃是我從高雄來到臺北以後的事。當年在學校，由於她在師範學院，我在法商學院；而且，更由於趙學長就是學校所在地陝西城固人，因此，想來她不會住在學校，也很少可能整天跟同學們在一起生活，所以，與她相熟的同學必定不多。但是，在今天自由中國的文化教育界，不知道趙文藝女士者，卻少之又少；這是因爲她是一位敢言而又極有建樹的立法委員與女作家。

幾年前，趙文藝學長寫了一部書——《萬里前塵》。記述她在民國四十五年間，從日本到加拿大，再到美國；在美國讀了一年書，然後去英國、法國、比利時、瑞士、奧地利、西德、義大利等國旅遊、參觀、開會的聞見，曾獲得我與無數的年輕讀者們的喜愛。目前，國人對歐、美、亞、非各洲的許多地區和國家都已不再懷有陌生感與好奇；因爲前往這些地方與國家旅遊的人日多，而且十分方便；但是，當趙學長前往這些國家時，情形還不是這樣。民國四十五年距今已有二十五年。二十五年來，世界的變化很大；不僅我們的國家有飛躍進步與改變，歐、美、亞、非諸國的進步與改變，也十分驚人。因此，今天的讀者從趙文藝女士的這部書中，不僅可以看到許多的不同——那也許都是一些值得懷念的、美好的陳跡吧！也可以看到許多不變——不管它們是好是壞。譬如〈橫渡大西洋〉那一章，作者寫從美國坐船到法國的情形；當船抵法國港埠，船上乘客六百五十人，被要求聚集在一起，等待檢查時，趙學長一直擔心害怕要花掉整整一個上午的時間；但就在此時，一位船上的工作人員忽然走到她的跟前，低聲用英語對她說：「跟我來。」趙學長於是便跟他出去了。結果是這位船員把她一直帶到岸上，免掉了檢查，趙學長於是不禁驚喜地問一位前去接她的齊先生說：「爲什麼這麼方便？」接她的那位齊先生笑笑說：「還不是紅包的力量。」

像這類相當風趣，且極富人情味的小故事，在《萬里前塵》這部書中，到處可見。趙文藝學長乃教育系畢業的高材生，好像沒有研習過新聞寫作，然而她的這部著作，卻是一部極好的報導文學作品，而不只是一部人云亦云的遊記。對於她的所見所聞，趙學長不僅能夠做極佳的呈現，而且有極深入的剖析與觀察。這一點是我這個在新聞界濫竽多年的人覺得最驚佩的！

當然，上乘的報導文學作品，不僅有敏銳的感受與深刻的剖析，而且還要有極優美、極流暢的筆觸。在這一方面，趙文藝學長的成就也是不平凡的。我們看〈橫渡大西洋〉的第一節：「海洋的嚮往」第一段，趙學長寫道：

「我生長在崇山峻嶺中的漢中盆地，自小就嚮往浩瀚無邊的海洋，小學時讀冰心女士的《寄小讀者》，由於書中對海描寫得很深刻，使我有了較多的領會，益增我對海洋的嚮往。夜晚作夢，常常夢到我在海邊與同伴戲水、拾貝殼、看海上的歸帆，和海潮的漲落；有時夢見被海浪捲去，於是由夢中哭叫著驚醒，十分狼狽。真的，我雖愛山，但更愛海。」

這一段寫作者對海的嚮往，於清新脫俗之外，還帶有一縷脈脈無盡的情愛；使我這個小時候同樣是看《寄小讀者》長大的人，深深覺得趙學長的文筆與文思，絕不亞於當年的《寄小讀者》的作者。但是像這類極富情感的片段，在《萬里前塵》這部書中，卻俯拾皆是。

陝西省的漢中盆地，向有小江南之稱；國立西北聯合大學設校於漢中與城固，今天回想起來，確有道理。漢中盆地不只山明水秀（漢水傍著漢中與城固城南東流），而且氣候亦極像江南。冬天雖然落雪，卻不似秦嶺以北那樣酷寒。所以漢中盛產稻米、魚蝦與橘柑等南方水果；老百姓也極爲富庶。在那樣美好的環境中出生與成長的趙文藝學長，她的文筆優美，文思敏捷，應該說是必然的吧！

我在漢中盆地生活了三年半，如今時隔四十年，仍希望有一天能夠再到城固與漢中看看。那兒有我的愛，也有我的夢；更有我敬佩與愛慕的人的影跡。現在，讓我祝禱吧。

萬紫千紅總是春

張放

汽車在蒼茫的原野上奔馳。穿過一段崎嶇的山路，眼前是一望無垠的高速公路，路旁的蘋果紅白相映，異常惹眼，橘子也正在結果，這美麗的韓國的秋天原野，宛如陝西的景象。不知誰提議請趙委員唱一支歌，我閉著眼睛發笑，心想：「如果唱歌，應該年輕小伙子領頭呀，你怎麼好意思請趙大姐先唱？」回頭向坐在窗口的趙文藝瞄了一眼，但見她接過麥克風，向窗外的秋景貪婪地望著。「我的家……」她那渾圓悅耳的歌聲，迅速地在車廂內廻蕩起來。啊，這麼爽朗的北方人，她的歌聲把三十多個文藝朋友，帶回那戰火紛飛的年代，來自五湖四海的心，匯聚成一個力量，那便是「中國一定強」。

回國以後，我細讀趙文藝女士的《成長的喜悅》，深感這一代的知識分子，歷經憂患，因而對於家事、國事、天下事，都有強烈的責任感。

趙文藝是一位作家、教育家、立法委員。她出生在一個樸素而勤儉的家庭。故園的風光如畫，「白鷺、桃花、鱖魚，是我自小就非常熟悉的事物。」因此她從少女時代，便喜歡文學、喜歡自然景物。當我讀了她的這些散文，認識到中國婦女獨具的美德！縱然她曾走遍世界五大洲，在事業工作上有了光榮的成就，但是她依然記誦著半世紀以前，母親教導她的「三早當一工，免得老來落個空」的話。

凡是熟悉趙委員的都知道她是「賢妻良母」。她的伴侶棄世十年，她每次執筆作文，總會掉下熱淚來。〈那堪回首〉一篇，她這樣寫道：「我聽說，要忘記一個人，最好多想他的缺點，然而任我搜腸括腹，也想不出你的缺點在那裡。……認識你時我還是一個初中生，那時你高中快要畢業了，常爲我補習數學。……面對你的遺像，不自覺的會傾訴我內心的感受，彷彿你如往日一樣也在傾聽；但我不自覺的等著你的回答，卻怦然一驚，四顧茫茫，你在那裡？」

趙文藝女士的散文，充滿了濃烈的愛。她愛國家、愛同胞、愛鄉土、愛自然、愛兒童……她認爲有兒童的地方就應該有一所幼稚園，有了幼稚園，就會有歌聲。作者每次聽到孩子們唱起「白浪濤濤我不怕，撐穩舵兒往前划，撒網下水到漁家，捕條大魚笑哈哈」這支歌，她總掩不住內心的喜悅。她說：「那美妙的歌聲，似黃鶯出谷，似山泉奔流；那是生命的樂章，更是人類的愛與希望。」

作家趙文藝是一位豪爽熱情的人，正由於她胸懷復國遠景，放眼自由世界，因此她的心情並不愉快。她曾表示有一段時期，覺得「生活的音調竟是如此瘖瘂與無奈。好長的一段時間，都在憂戚中摸索，在落寞中掙扎」。作家所指的「這一段時期」，正是一九七〇年前後，國際上姑息主義逆流高潮之際。她也如同詩人屈原，懷抱著「路曼曼其修遠兮，吾將上下而求索」的苦悶心情，思索如何衝破難關，繼續步向光明而遼闊的前途。趙文藝時常默記著貝多芬的一句話，這句話像一盞明燈，照亮了青年前進的路：

「欲排除苦悶與不幸，最好的辦法是沉浸於工作之中。」

是啊，只要我們度過這段嚴寒的日子，明媚溫暖的春天就在眼前。

百家姓上第一名

王琰如

我拜讀過一篇丘秀芷女士的文章，她的題目是：「饒富文采的政治家——趙文藝」。秀芷在文中一開頭這樣說：「認識趙文藝女士有些年，她永遠精神煥然，衣履整潔，卻不是咄咄『女強人』一類。她常和我們交換做飯、理家的心得，偶爾，她手上也有油灼的痕跡。她絕少搬學問，也不太談她在立法院如何如何。」

往後，趙文藝來參加女文友慶生會了，是同住中央新村的對門鄰居艾雯陪著她來的，果不其然，丰姿綽約，服裝華美整潔，高挺的身材，望之儼然接之也溫，是一位極可親近的朋友。

艾雯帶著鄉音吳儂軟語向大家介紹：「格位新朋友，我伲要靠伊吃飯格，伊就是大名鼎鼎格趙文藝。」聽完她的話，大家笑開了，原來我們要依靠她才有飯吃，可見「文藝」對我們有如養命之源，多麼重要，立刻引得大家一陣鼓掌歡笑。她實在早該來和大家相見的，能讓衆多文友，獲得更濃郁的文藝氣息，豈不更能產品豐富，文章華美。

我說她是百家姓上第一名，幼時唸百家姓，「趙錢孫李、周吳鄭王」，在這八個字中，趙姓第一，王姓第八，她是第一名，我居第八，是值得尊敬的佼佼者。她從三十歲起，高票當選陝西省西安市第一個女立委。文藝姊陝西城固人，國立北平師範大學教育系畢業，美國明尼蘇達大學教育研究院研究員，曾任中小學教師，立法委員四十餘年，現任中華民國青少年兒童福利學會理事長、中美文化協會經濟協會常務理事。平時在議壇多所貢獻，更從事筆耕，著作豐富，先後出版論著有《我國近二十年來女子高等教育發展之研究》、《文教淺說》、《白宮兒童會議之演變及其影響》、《給女青年》、《婦女與家庭教育》等；散文集有《萬里前塵》、《成長的喜悅》、《寄我歸心》、《雪地上的足跡》、《天上人間已十年》、《趙文藝自選集》、《豐美大地》等，曾獲中山文化基金會研究獎助金，及嘉新文化基金會優良著作獎，與韓國小說家協會頒贈的「文學獎」，堪稱文藝界獲獎極多的女作家之一。

文藝姊爲人風趣幽默，熱情洋溢。那一年秋季，聽說對門鄰居艾雯的另一半出了車禍，急急忙忙電話詢問艾雯：「朱先生怎麼樣了，要不要緊，現在那家醫院，快告訴我，艾雯，你一定要讓我知道，我要去看他。」

她立刻喊了一輛計程車，趕到仁愛醫院，看到朱先生很輕鬆，好像很失望似的說：「

我以爲你已經奄奄一息，卻原來談笑風生！」說罷不禁哈哈大笑。這就是趙文藝的饒富文采，堪稱議壇、文壇才女，也使文友們一時傳爲美談。

民國七十年十一月的新生報，尹雪曼撰寫書評文章趙文藝的《萬里前塵》中說：「爲了紀念國立西北大學建校四十二週年，這個月的十二日，我寫了一篇〈西大四十二年〉，中間提到好多位爲我欽敬的師長與同學，但是若把西大的範圍擴大，說到國立西北聯合大學，値得我懷念與稱道的師長與同學，就益發衆多，這篇短文要說的，就是我對趙文藝學長的敬佩。」

他接下去寫道：「與趙文藝學長的相識與相稔，乃是我從高雄到臺北以後的事。當年在學校，由於她在師範學院，我在法商學院；而且，更由於趙學長就是學校所在地——陝西城固人，因此，想來她不會住在學校，也很少可能整天跟同學們在一起生活，所以與她相熟的同學必定不多。但是，今天在自由中國的文化教育界，不知道趙文藝女士者，卻少之又少；這是因爲她是一位敢言而又極有建樹的立法委員兼女作家。」

尹雪曼稱讚這位立委兼作家，字裡行間，充滿感性的文字，使我頗有同感。《萬里前塵》不僅是一部文筆優美的遊學國外，經過美、日、加拿大、英國、瑞士、奧地利、西德、義大利等國旅遊，參觀、開會的聞見，也是獲得無數年輕讀者深深喜愛的一本優良讀物，寫趙文藝的《萬里前塵》，也是寫一個中國人肯努力上進的「萬里前塵」啊！

有人寫趙文藝，在臺灣日報發表一篇題爲〈恬淡、自然、樂觀〉的文章，讓我們了解她的個性是恬淡的，喜愛大自然的，也是樂觀的人。

文藝姊從小生於陝西城固的窮僻之鄉，當地不要說是女孩子，就是連男孩也都很少有讀書的機會，幸而她的賢母有開朗的思想，認爲供他們讀書習得學問，比給他們千萬家財或豐厚嫁妝更來得有益，而她本身也刻苦努力，不放棄任何求學讀書的機會，她在小小年紀時，就遠赴漢中就讀，抗戰期間，她更爲一償進修求學的機會，而隻身報考西北聯大。當時競爭之激烈，不下於目前的大專聯考，她能以優異的成績擊敗了其他三分之二的考生，考上教育系。

秉持著這種對知識的進取心，她一步步踏上成功之路，足爲青年人的楷模。我最欣賞她的是在公餘之暇，仍能著書立說，不自滿、不懈怠的奮鬥精神，她確是巾幗英雄，女中豪傑。

最後，讓我們了解她的家庭狀況。她的婚姻原本幸福美滿，張振蟄先生也是一個才子型的人物，方能與女立委匹配良緣；婚後育有二女，長名立禮，次女立雪，秀外慧中，學業成績優良，後來都獲得博士學位。在文藝姊所撰〈牽著你的手〉一文中，描寫母慈女孝的話，感人肺腑，實在值得作爲青年優良讀物。美中不足的是，振蟄先生竟於六十二年病逝臺灣，使文藝姊哀痛欲絕，從此母兼父職，好在立禮、立雪都能孝順賢母，也已分別成家立業，女婿也是各個青年才俊，爲社會中堅分子，而今文藝姊已有含飴弄孫之樂，差慰平生。

資深讀者的意見

趙淑敏

不知何時約定俗成，把散文僅侷限在一個小角落裡，認爲散文就只有那一種固定形態。越是軟軟的、輕輕的、嗲嗲的、膩膩的，越算「好」文章。否則就算不得散文，甚至很不客氣地一掃帚掃入雜文堆裡去。

舊歲我到馬尼拉去演講，有一場的題目是「散文與散文創作」，爲這個講題我曾苦思數日，我同意余光中先生說的廣義的散文，卻不全同意他把散文按功能分成抒情、說理、表意、敘事、寫景、狀物六型。我以爲散文依性質來分，歸納成情的散文、知的散文、靈的散文、理的散文、美的散文，似乎更合適一點。事實上，一篇上乘的散文固然由情出發，是應當包括了智知、性靈、哲理，而加上技巧匯成一個完整的「美」。當然，這樣的散文並不多見。

對於一般人把愛情祇圈囿在男親女蜜的小範圍內，我也不同意。其實父母子女之間、兄弟姊妹之間、同契朋友之間、老師生徒之間，那一種不是愛情呢？所以「情書」的種類不該僅限於男女之間纏綿情愫的文字傳達。同樣的道理，寫情的書，便不應只鼓勵傾向無病而呻吟，無痛而哀鳴，無感而故作震撼甚深，無靈而飾做不著人間煙火的形象。

職是之故，我將趙文藝女士的《成長的喜悅》一書，歸於情與知的書，便有了根據。趙女士這本散文集，第一輯主要在做情的發抒，第二輯則重在知的顯現。當然情中依然有知，而知中仍舊含情。只是要憑讀後立即的感受判斷，前述的說法，大概是正確的。

這本書反覆讀了兩遍，還是有一種感覺，就是味道比較淡。一般的散文，即或著意表現性靈與智知，仍是從感情起步，因此多在情重處下筆。趙女士不此之圖，就書之第一輯而言，無論懷念母親、故土，抑且爲夫君傷逝，或者爲女兒的成長呈露母性的驚喜，都顯得持重而素淡，絕不做驚人之筆，裝扮出一副多情種子的面貌。趙女士把這冊小品，命名爲《成長的喜悅》，也許只因它是一個響亮的書名。若按精采處應以「那堪回首」「悠悠三年」爲書名才合適，那種不「寫」情而有情，才見穩重淡雅筆觸的特點。

此書的第二輯，幾乎全是作者行萬里路之後的心得。乃由美洲到大洋洲，從亞洲而非洲的所見所聞、所體會所經驗的記錄，看似遊記，但是並非走馬看花的流水帳，仍可觀察出趙女士思路的軌跡，以及她味淡浸深的感情。

其實，作者的特長，並不僅在情與知的表露，景與情的結合，寫得更具功力。如「北窗外」與「失去的木棉花」，在平淡樸素中，頗可見到修飾之美，但仍保持其原色，雖曾化妝，卻不過度。正因如此，將「失去的木棉花」納入第二輯，就不怎麼合適了。體、格顯得不甚統一。

趙文藝女士為國會議員，文壇前輩，但是既然論文，便「一律平等」。以我一名資深讀者的拙見，從《成長的喜悅》一書來看，她的寫景與抒情的功力似較敘事見長，很能表現她的風格。我若是她，我會向這兩方面多做發展，少寫記述性的文字。

豐美的人品與文品

——兼介趙文藝新著《豐美大地》

戚君宜

胸中有丘壑，筆下生風雲，根柢深厚自必花繁葉茂，心思豐美乃能言行醇和。言者心之苗，行者文之根，咸云：「有怎樣的人品，便有怎樣的文品。」亦即所謂的「文如其人」、「人如其文」，其他諸如書法、繪畫等皆如是也。

對於趙文藝聞名已久，多次藝文聚會場合亦僅遙覩其風采而已。直到今年初夏時節，文建會、新聞局、中國婦女寫作協會聯合舉辦了一次「文苑雅集」，包括老、中、青三代男女作家受邀者八十一人，分由全省各地滙聚於「恒春農場」；在松山機場搭機南行時，由彼此胸前佩戴的名牌上才相識而寒暄。在浩瀚無際的恒春海濱、暮靄茫茫的鵝鑾燈塔畔、在月色朦朧的全羊餐會中，又有數度清談。印象中的趙文藝具有溫柔敦厚、和藹可親的氣韻；更流露著幽雅貞靜、婉約清麗的風範。

不久後，五四文藝節大會在臺北市來來大飯店鳳凰廳隆重舉行，再度與趙文藝相遇，承贈著作三冊，其中的一冊是新近出版的《豐美大地》；誦讀一遍，深感其篇篇有眞意，句句蘊眞情，簡明扼要，了無粉飾，行文如高山流水，寓意更深刻動人。所謂「入妙文章本平淡，等閒言語變瑰琦」，不必華麗辭藻的堆砌，但憑情眞意摯，筆隨意興，而達到「天機雲錦用在我，剪裁妙處非刀尺」的渾然天成，不見刀鑿痕跡的自然境界。歸根究柢，純係具備了豐美的人品，遂自然而然的孕育出豐美的文品。

《豐美大地》這本散文集，內容分爲四個單元，依次爲〈鳶飛魚躍〉、〈悠悠我心〉、〈說南道北〉、〈走過從前〉。諺云：「不如意事常八九，可對人言無二三。」在日常生活之中，歡樂快意之事絕少，痛苦挫折之事特多，與其在心中壓抑積累，何如從筆端宣洩於紙上，以求得排遣與紓解。日本文豪廚川白村嘗言：「文學是苦悶的象徵。」觀乎趙文藝的《豐美大地》新著，所有篇章之中，即或有苦悶，似乎在落筆之前已經予以巧妙的化解，因而在字裡行間，飽蘊著豁達的情懷與悲天憫人的意念，只覺和風習習，令人心曠神怡；更由於她的見多識廣，更爲人們的生活領域中，開闢了另一扇多彩多姿的窗櫺，從而開拓出另一片美妙的景觀與天地。

在〈鳶飛魚躍〉單元中，她以鳥瞰的方式，春秋的筆法，訪問維也納、獵奇匈牙利、徜徉於芬蘭大地、沉思於阿里桑那軍艦上、描繪神燈中的奇妙世界、細述埃及文明古國的今昔、稱譽南非爲豐美大地，更爲冰消瓦解的共產帝國，找出了理所當然的凋敝因素。雖然也是「遊記」，但卻能要言不煩，三言兩語便爲各該國度，勾畫出一個鮮明的輪廓。

在〈悠悠我心〉單元中，充分展現出她豐沛的愛心，詮釋著人間的情義。認爲永遠關懷別人的人，才是眞正的偉人；而時時熱心公益，處處負責盡職，才配稱爲正人君子。談到「美」的感受，一般人莫不愛花、愛月、愛山、愛水，事實上西天的彩霞、晴空的白雲、清澈的溪流、堤上的垂柳，凡是符合自然、調和、勻稱、一塵不染的事事物物，都會予人以「美」的感受。設身處地的從孩子們的口中收集訊息，爲好父母列出了十項特質：一、不常打罵孩子。二、常常陪伴孩子。三、父母不會吵架更不會鬧離婚。四、不偏心。五、常講故事。六、不逼孩子吃飯。七、不在客人面前數落孩子缺點。八、樂於傾聽孩子的心聲。九、希望幫父母做點事而得到讚美。十、孩子做了錯事，只要知道錯了，就不要多罵多打多嘮叨。實際而具體，值得爲人父母者深思而身體力行。

在〈說南道北〉單元中，「沉思篇」、「開懷篇」、「偶拾篇」、「嗟嘆篇」與「憂心篇」，以日常生活裡的小故事，點出人際關係中的大道理，深入淺出，發人深省。俗話常言：「家家有本難唸的經。」何嘗不能改爲「家家有首快樂的歌」。而這首快樂的歌必須以家人的健康、家庭的經濟及天倫情感作音符，倘能妥善經營，乃克譜出美妙的旋律。對於目前社會的畸形發展，她認爲嚴刑峻法只是治標而已；根本之道，必須落實家庭倫理、強化宗教力量、推行簡樸生活，更藉教育及文化力量，才能改變世風，明辨義利，進而恢復理性，尤可尋回人性。

在〈走過從前〉單元中，多是一些回憶性質的文章，憶及「盧溝橋事變」後的第二年夏天，北平師範大學、北平大學、北洋工學院已輾轉遷至陝西城固，合併爲西北大學；妙齡年華的趙文藝考上了北平師範大學的教育系，飄飄欲仙，狂喜不已的情景，躍然於「單槍匹馬憶當年」這篇文章之中。「長兄與大妹」是寫她民國三十六年，當選西安市五位立法委員之一的經過。「樂在其中」則是寫她畢生從事教育工作，從幼稚園、小學、中學、師範、專科、大學，一直教到研究所；數十年如一日，樂在其中，興趣盎然。特別是她還有「三自」守則，亦即「自求多福、自得其樂、自強不息」；因爲信守不渝，所以生活過得很踏實、很自在，也很快樂。

從《豐美大地》這本書中，不難算出趙文藝的年齡，但年齡對她來說似乎並不重要，倘若用「常青樹」或「青春永駐」一類的辭彙來形容，好像都不盡合適；她給人的感覺是中國典型的淑女，雍容華貴的夫人，傳道、授業、解惑的師道。中國婦女協會的會員都稱她爲「老佛爺」，據說完全是由於她德高望重的尊稱，而與慈禧太后的那個「老佛爺」稱號完全不同。她在文藝界的聲望及口碑極佳，有人把她當大姊，有人把她當媽媽，鄭向恒及朱婉清都曾經鄭重其事的拜她作乾媽呢！

趙文藝是陝西城固人，國立北平師範大學教育系畢業，美國明尼蘇達大學教育研究院研究員，擔任立法委員四十餘年，任教於臺灣師範大學、中國文化大學。曾獲中山文化基金研究獎助金，及嘉新文化基金會優良著作獎；有關婦女教育與兒童教育方面的著作甚多。文藝方面的著作有《萬里前塵》、《成長的喜悅》、《寄我歸心》、《雪地上的足跡》、《天上人間已十年》、《趙文藝自選集》等，率皆溫柔敦厚，感人至深，益證其豐美的人品，始有層出不窮的豐美文品。據聞大陸上藝文界人士隔海選出她爲「十五女傑」之一，可見聲望之隆無遠弗屆，併記之。

饒富文采的政治家

——趙文藝

丘秀芷

認識趙文藝女士有些年，她永遠精神煥然，衣履整潔，卻不是咄咄「女強人」一類。她常和我們交換做飯、理家的心得，偶爾，她手上也有油灼的痕跡。她絕少搬學問，也不太談她在立法院如何又如何。

但是，只要關心社會新聞的人都知道，她在立法院是屬於睿智、溫煦、有見地的一型。不過平日相處中，感覺不出她是一位中央級民意代表，只覺得她是一位大姊，「文藝」界的「趙文藝大姊」。

常在報端上讀到她的文章，有生活性的、教育理論的；也有憂國懷鄉之情，或是異域采風錄。她的筆觸十分廣。

看她本人，並不覺得她年紀多老，但有一次滿屋子女性作者，大家序起年齡，趙大姊說：「我民國八年次的。」舉座皆驚訝，直說她不可能那麼「老」。

其實仔細想想她的資歷，也差不多該是這種年齡以上。她是第一屆陝西省選出來的立法委員，當時最年輕的一位。

由於是學教育的——北平師範大學教育系畢業、美國明尼蘇達研究院研究員，因此多年來，她多次擔任立法院教育召集委員，而且一再代表我國參加世界性的教育會議。

在家，她卻是最稱職的妻子、最顧家的母親。她和夫婿張振鷟先生互相體恤，十分恩愛；她敬重先生的學問，先生尊重她的職業神聖，相互磋砌扶持鼓勵。但是上蒼弄人，民國五十年，張先生大病一場割去脾臟，趙委員小心翼翼照顧先生，但過了十二年，張先生撒手人寰。

那時大女兒張立禮還在美國留學，二女兒張立雪卻只有十三歲（初中一年級）。在趙女士一個人，肩挑重擔，孤寂的繼續走下去。起初，十分悲苦，後來，她懂得化解。在她《成長的喜悅》一書序言中有這麼一段：

「有一個時期，我覺得生活的音調竟是如此瘖瘂和無奈。好長的一段時間，我都在憂戚中摸索，在落寞中掙扎。後來想通了，只有直奔人生的目標，才能掙脫悲苦的鎖鍊。」

她陪二女兒考高中、陪她考大學，對女兒說：「健康第一，快樂第二，第三才是知識。學問是日積月累的，千萬不要把考試當成苦工。」

二女兒跟大女兒一樣爭氣，所不同的是大女兒學文，是文學博士，二女兒學理，臺大畢業後原已拿獎學金出國留學，但不忍媽媽一人在家，於是又回臺灣，考入清華大學研究所，學最尖端的生命科學，今夏即將得碩士學位。

孩子都那麼成器，怎麼教的？趙委員說：「我採自然主義，讓她們自動自發，爲自己負責。」

想來，更是做母親的典範在前引領！趙女士一直不曾丟下書本，一直在公務、家務之餘，繼續努力進修。她不抽煙、不喝酒、不跳舞、不打牌，最大的興趣是看書、研究、寫作、教書。

從民國五十年開始教書，迄今猶以作育英才爲樂，目前仍在文化大學研究所教「兒童福利學」。

作品甚豐，出過散文集《萬里前塵》得到嘉新文化獎，另有《寄我歸心》、《雪地上的足跡》、《成長的喜悅》和勵志集《給女青年們》。

寫本行相關理論書本則有《我國近二十年來女子高等教育發展之研究》、《白宮兒童會議之演變及其影響》、《文教淺談》。

雖說著作不少，也主持過中韓作家會議，但在文藝界朋友中，她一再謙沖的說：

「我名爲文藝，其實不懂得文藝。」

其實她的散文寫得眞好，是文友一致認同的。

但她在立法委員的工作崗位上更了不起。

二十多年前，我國爲了發展電視欲成立臺灣電視公司時，日本願每月提供十五萬美金和技術援助，條件是製作權交給他們。當時我國經濟尚未起飛，對「電視傳播」力量之大也一無所悉，於是經濟部與日方簽約。教育部尚在討論中，趙委員學養經驗豐富，深知電視與教育相關甚深，尤其有關民族精神教育，獨自竭力反對日人取得製作權，也幸而趙委員於立法院力陳其中利害關係，我國終於沒爲了短利而將電視傳播大權拱手讓人。

民國六十三年，教育當局因眼見大專聯考女生成績漸凌駕男生之上，尤其文學院，陰盛陽衰，於是想在大專聯考中，限制女生錄取名額。趙委員反對「保障男考生」的畸形措施，堅持男女平等，由於她的堅持，大專聯考才沒有實施什麼「限制女生名額」。

前三、四年，電動玩具店如雨後春筍，到處亂冒，很多青少年兒童玩得入迷，偷錢、逃學、打架、滋事。趙委員是學教育、教兒童福利的，眼見如此十分痛心，爲了維護國家幼苗，七十三年在立法院呼籲：「救救孩子們！」要求政府全面取締電動玩具店。她的建議，贏得全體委員一致贊同，全數通過決議，電動玩具店終於一律關閉。

她愛自己的孩子，也關注所有的孩子，但是不主張縱容，更反對教育只是販賣知識。她說：「教育應先讓受教者，辨別是非黑白，認清正邪善惡。」「人生偉大的目的是培植人格。」

我常想：是不是心中永遠充滿了眞摯的關懷、耿直的情操，所以「形之於外」，她的容貌也因此永遠煥然不蒼老。

成功者的書

鮑曉暉

三年前中韓作家會議在漢城召開時，我曾應邀參加。

中韓作家會議是由中華民國和韓國的作家們，爲促進兩國友好邦交及文化交流，而產生的一個定期會議。每年輪流在兩國舉行，那年在韓國舉行時，趙文藝立法委員推薦我參加代表行列。

我與趙委員初識文藝集會上，後來時常在這種會議上見面，以文會友乃成了文字交。因環境年齡相若，偶閒話家常及兒女事，所持觀念相同，遂有惺惺相惜之情。漸漸熟悉，但交也止於「淡如水」。我生性不善酬酢，更不喜結交權貴，是由於訥拙、怕麻煩、不耐拘束。但與文藝姊相値時，總覺如沐春風，每談必歡。文藝姊雖貴爲立法官員，但爲人和藹開朗，使人樂於親近。尤其發現她的文才不俗，在日月開會案牘勞形之餘，還抽暇寫作。述所見所感，及自己的看法，均有可讀性，更增了一份欽敬之心。

同時她也是一位優秀、堅強、肯奮鬥、又樂觀的女性。求學、任職時都很活躍。年輕時雖逢戰亂，但一直堅守職業崗位。即使在十多年前，夫君病逝時，兩個女兒尚未成年，這個打擊都沒有打垮她。多年來她把傷心和懷念埋藏在心底，母兼父職，現在兩女均有所成且很優秀。以一介女子，從政、單獨撫養子女，兼家庭事業，這種成功的因素何在？在韓國開會時，我倆同住一室，我發現了答案：認眞！

開會期間，無論如何忙累，夜深必親擬寫第二天的演講或致詞稿。晨起並反覆誦讀，並不恥下問與我商討字句的安排。而每天服裝穿戴均於前晚準備好，務求整潔，適合身分及場合。認識她多年，總見她衣著光鮮精神愉悅。

在爲國爲民辛勞之餘，不忘寫稿，使她又有一本《天上人間已十年》的新著問世。是她自稱爲忙裡偷閒的作品，分感性知性。感性筆尖充滿感情，每篇都是感人的散文；知性立論中肯，章章是說理好文章。由這本書裡，我們也可窺見一位女政治家的見解，及對國家滿腔的赤誠熱愛。

趙文藝的感性與知性文章

唐潤鈿

有人能言善道而不願寫、不肯寫或不能寫，也有人肯寫、能寫而不善於言詞，既能說而又能寫的人，似乎不多。

在文藝界享有文名，而又在國會常爲婦女、教育、文藝發言的女中豪傑立法委員趙文藝，她是既能說又能寫的全才。她忙於出席議會之餘，已著有《萬里前塵》、《寄我歸心》、《雪地上的足跡》、《給女青年》與《成長的喜悅》等，最近又出版了《天上人間已十年》一書（光復書局）。

《天上人間已十年》原是其中一篇文章的篇名，紀念她的丈夫去世十週年而寫的。她說：「十年了，陽明山墓地的龍柏和杜鵑已蓊鬱成林。每當我站在高崗上，眺望遠處的雲影和山巒時，總覺得你依然與我同在；舉止談笑間彷彿亦如往昔，禁不住又讓我憶起多少往事。」於是她把她的小女兒姍姍的求學經過，以及完成博士學位的大女兒與男友經過十年的愛情長跑，才完婚的喜悅，一一地描繪出來。十年是一段漫長的日子，她獨撐門戶，內外兼顧，艱苦之情是可想而知的。可是她眼看兩個女兒都能學有專長，貢獻所學，爲社會國家謀福利，這是最欣慰的事。所以她說：「也算我的心血沒有白費。至於我，請放心，我會以工作來打發餘年。只要上蒼垂憐，賜我以健康，我絕不灰心喪志，畏縮苟安，在有限的歲月裡，常會爲公爲私，堅守立場，竭盡所能。」由此也可看出她與一般女性有所不同的堅毅與豪氣。可是她畢竟是女性，非常注意女性的端莊與適時適地的穿著。她寫的〈穿的藝術〉：「有人曾當面稱讚我說：『你眞會穿衣服！』其實，我對穿戴並不講究，花費的錢也不多，更談不上華貴，只是我把握住了幾個穿衣服的原則。」她的穿衣原則如後：第一、要有自己的格調，盡量求物美價廉，不趕時髦。第二、把衣服分成四個等次，適時適地的穿著。第三、較好衣服的洗燙和收藏，均不假手他人。提示了衣服的洗燙與收藏方法。她說：「我家住的兩層樓房，洗燙衣服時自己免不了要上上下地跑來跑去，正因爲如此運動，所以三十多年來，我的體重未曾顯著增加。人人都說我會『保持身材』……只是因爲每天樓上樓下的跑個不停，加上事事我愛自己操作（女工是鐘點制），因此也就不必考慮如何減肥了。二、三十年來，許多衣服我一直還在穿用，不曾丟棄。」由此也更可看出當立法委員的趙文藝女士的勤與儉，以及愛惜衣物的美德。

她寫〈英國國會之遊〉，記述三度訪問英倫，參觀民主搖籃的英國國會開會的情況。第一次是在民國四十六年，第二次是六十三年，最後一次是七十二年。她記述議場貴族院與衆議院的座位佈置與開會時的實況等，她說：「看到這種情形，忽然令我想起我國論語上載：『子曰：君子無所爭，必也射乎，揖讓而升，下而飲，其爭也君子。』古今中外，人與人之間不免發生爭執，議會中爭執更多，然而爭執時都能保持一定的禮儀與風度，不致失言失態，才可稱得上是君子之爭。我打這個比方，雖然不盡相同，卻有異曲同工之妙。」近年來我們議會上失言失態的人，似乎越來越多，甚至謾罵、打鬥。他們是無知呢，還是明知故爲？君子之風，在日常生活中也該保有的，何況在神聖的議會！所以這篇文章，假如趙委員於現時寫來，一定將會有更多的感觸。而議會中年輕諸君更該有所醒悟，保持禮儀與風度，才是君子之爭。謾罵、動武，這是有失自己身分，有失自己的人格的！

〈對小女兒說〉、〈讓時光倒流〉與〈母親的絮語〉等篇，都描繪出母親對女兒的一片關愛之情。〈顛沛歲月〉是記述她的長女立禮成長的經過，也正是國難當頭，顛沛淒苦的歲月，是我們所有中國人所共同遭遇的難忘的國恨家愁，但是也包含近年臺灣經濟繁榮的景象，其中有感慨，也有歡樂，是一篇深具時代意義的文章。

〈外孫回家時〉記述大女公子與女婿第一次帶著外孫自海外返臺回娘家，雖像是旋風般來去，使外婆急煞忙壞，但是那份喜悅之情洋溢於字裡行間。

〈提高生活素質的方向——發揮文學藝術的功能〉，這是一篇論說文章，論述我國經濟發展，國民生活水準提高，更該注意充實精神生活。因而她提出了：「文學與藝術，是我們當前追求與發展的生活目標。」她更呼籲：「加強中國的『忠恕之道』，提倡『勤勞節儉』、『愛人如己』、『敬老尊賢』等美德，尤其對失和的家庭，使其恢復和諧，迷失的青少年知所悔悟；這樣才能夠使得社會安和樂利。」

〈兒童、青少年福利與家庭〉、〈保護兒童免於恐懼的自由〉與〈談兒童的保護與傷害〉等篇，都是討論兒童福利與倫理親情的文章，在提示世人該重視家庭與倫理教育。

收集在本書內的文章計有四十餘篇，依性質不同分爲兩集。

第一集都是感性的散文，如前錄的〈天上人間已十年〉、〈外孫回家時〉等篇，此外尚有〈又見白楊〉、〈祝福與盼望〉、〈往事如煙〉與〈自來的天籟〉等，計二十三篇，都是抒發與記述她的日常所見與生活感觸等等的感性文章。

第二集偏重知性，如前述的〈提高生活素質的方向〉、〈論兒童的保護與傷害〉，以及〈由全面禁絕電動玩具說起〉、〈請胸懷『恕道』〉與〈現代婦女角色多元化〉等十九篇，都是論述周遭的事與物的論說文。

趙委員在自序中說：「這一本文集大半是最近四、五年來忙裡偷閒中的零星作品。常聽人說『胎死腹中』，而我可說是『文死腦中』，不是不寫，而是無暇適時抓住靈感，寫出內心的所思、所感與所見。在許多場合中，腦子裡似乎常會湧現出一些可寫該寫的題材，但是卻總是無法即時把它抓住，時過境遷，稍縱即逝……有時自己也會發出一聲無奈的嘆息。」

而我覺得她能在身負重任，出席議會之暇，在母兼父職，國是與家事之餘，仍能執筆爲文，寫下所見、所聞與所感，已是難能可貴的了。只要自己有「決心」，有心想做，即使再忙，還是可以偷閒，抓住就寫，留住當時的情懷；不但可以自娛，還可以娛人、悟人，使人獲益不淺。

恬淡、自然、樂觀

郜瑩

中國有句古話「人生七十才開始」，謂年過七十之後，就如另一階段人生的開始，該努力學習和享受另一種的人生境界。

但是看到許多年過七十，或年已過七十的人，在他們的身上，似乎尋找不到那種新生命躍動的跡象，有的只是沉沉的暮色。

所以，在初見立法委員趙文藝時，直覺地認爲她最多只有五十出頭的年歲——不僅因爲她那不老的容顏、修長有致的身段，最重要的還是那股做任何事時，都興致勃勃的勁兒！

趙委員眉飛色舞地說：「在這世界上，新鮮、有趣的事天天在發生，看都看不完，做也都做不完，所以每天只要我一睜開眼睛，在床上一分鐘也待不住，就覺得有一大堆新鮮事等著我去辦！」

而這些新鮮事，在旁人眼中，很可能是些一成不變日常瑣碎、無趣之事。像她難得偷得一晚閒，會興味盎然地做上三、兩個小菜，自我享受一番。朋友們知曉，大感不解，認爲獨居的她，沒有必要爲做一頓飯而如此耗事、耗力，她卻振振有辭：「如果連替自己做頓飯都嫌費事，那還有什麼事是値得去做的呀？如果連自己都不珍愛自己，那又如何能讓別人珍愛你呢？」

就因爲抱持著這種在不妨礙別人情況下，不願委屈自己的心理，所以個性耿介的她，不會爲逢迎某人而說些、做些自己不願說的話、做的事，她十分自信地說：「做了近四十年的立委，任何壞事都跟我沒有任何的瓜葛！」有朋友勸她不必如此死心眼，一些順水人情不妨一做，一些該應酬的人也不必因看不順眼而不予酬酢，她卻說：「我可要有臉去見我的學生啊，我總不能台上說的是一套，台下做的又是一套呀！」

不過事實也證明了，以她表裡如一不多言的實做精神，雖因此而減少了許多「上新聞版面」的機會，但卻也讓與她相處久的人打心眼裡欣賞她，認爲她是位不可多得「做事的人」。

因此，在這次的十三全會中，她被選任爲中央評議委員，她戲稱自己爲之「跌破眼鏡」，因爲在此之前，她從未爭取參加過任何一次全會代表競選。這一次她之所以會希望能參加十三全會，完全是基於她認爲目前正是國民黨決策性的轉變期，她希望能爲這次的改變貢獻一些自己的力量，但她冀求的也僅是能身爲全會代表中的一分子而已，卻未想到能受這樣的肯定與重用！

這件事，使她更堅信自己多年來所秉持之「恬淡、自然與樂觀」的待人處事態度是正確的。

她這種難得的個性，是博人敬重和喜歡的原因之一，而她數十年如一日，不斷吸收新知的好學精神和堅忍不拔的毅力，也是使她成功的原因。

像從小，她生長於陝西城固的一個窮僻之鄉，當地不要說是女孩子，就是連男孩也都很少有讀書的機會，幸而趙委員的母親有「人能萬事備」的開明思想，認爲供他們讀書習得學問，比給他們千萬家財或豐厚嫁妝更來得有益。而趙文藝也刻苦努力，不放棄任何求學讀書的機會。她在小小年紀時，就遠走漢中就學，抗戰期間，她更爲一償進修求學的機會，而隻身報考西北聯大。當時競爭之激烈，不下於目前的大專聯考，趙委員以優異的成績擊敗了其他三分之二的考生，考上教育系。

秉持著這種對知識狂熱的進取心，她從學校畢業以不及三十歲之齡當選當時最年輕的立委後，尚不放棄任何自我充實的機會，在民國四十五年，自費至美國明尼蘇達大學研究所攻讀教育和兒童福利，並且在學成後，至各國觀摩當地的文教設施與議會情況，及考察華僑教育，這些都豐富了她後來的生活與工作。

如在二十多年前，政府爲發展國內電視事業成立台視，欲與日方簽約，由日方提供技術設備與金額，我國則將節目製作權交與日方。一般人由於對傳播力量的認識不清而無人反對，趙委員則因赴美學過電視，深知如將電視製作權交與日方，將會在文化、精神層面上，變爲日人的附庸國，而大力反對，方使日人此一陰謀未能得逞。另她尚帶領反對大專聯考歧視女性之事，使得千萬女性受惠，能享公平競爭之考試機會。

她這種只要自認爲是對的事，雖多人反對仍堅持己意的強硬個性，似乎讓人有很「男性化」的感覺，但其實在日常生活中，她卻是位極女性化的人。她也如一般女性般愛美，愛看漂亮衣飾，且每件衣服的清洗、整理工作都不假外人之手，所以一件穿了十多年的舊裳，就如新裳一般；她照顧先生，孩子的起居飲食也極細心、體貼。其夫婿在世時，兩人情感甚篤，直至今天，她提起已去世十五年的夫婿，仍泫然欲泣；兩個女兒年幼時，即使工作再忙，孩子們的便當定親自調理。如今兩女均已爲人妻母，回到家來，她仍費心張羅飲食，就如一般慈母般；她的文筆十分的細膩、多情，在文壇上也如她在政界般享有盛名。

奇怪外表纖柔的她，那來這麼充沛的精力，事事都能兼顧得當，趙委員展開她一貫開朗和煦的笑容說：「只要凡事有計畫，自然不會忙亂，而做自己喜歡做的事，也就不會感到疲累。」

賀壽

夏鐵肩

秦嶺雲高氣鬱葱
定知靈秀毓閨中
上庠已著人師節
壇沾還資砥柱功
文采揚芬抒妙術
金剛不壞挽流風
丹楓黃菊三秋景
映入霞觴分外紅

印象

王祿松

美麗的襟花，
點燃亞洲藝文的春色，
綠色的衣著，
輕繞著美學的雲煙。
娟美中的尊貴，
含蓄中的飄逸，
古典中的現代……
妳的儀容風采，
是一個文學的驚歎號，
展現在眾人之間。

文藝界的老佛爺

——趙文藝女士

曹景雲

文藝界老、中、青的作家，異口同聲地稱她謂：「老佛爺」，幾乎已成爲口頭禪了，每位文藝界大大小小會議她都不缺席，人人皆知，個個皆曉。

你知道她是誰嘛？她就是資深立法委員趙文藝女士，最年輕的立法院之花。由於她的聲望，由於她的人格品德是上等的人物，因此被文藝界封個綽號「老佛爺」，而且又是名爲「文藝」，恰是文藝的溫柔，吸引文藝界的人士尊稱，名副其實，當之不愧！

這位我稱她爲老大姊，心有愧疚，名望不及，遠播無望，惟因年歲七旬有餘，致敢冒昧從之。最可敬的是沒有受責怪，有以「鮑子知我諒之」！這一點特別鞠躬敬謝無罪之忱，銘感肺腑，永誌難忘！

她是一位菩薩心腸的老好人，凡是熱心相助，同情心非常豐富，熱心更是親切，不管相識與否，有鑒之事，有識之心，竭盡心力相助，可知老佛爺之心奈何？受惠者姓什麼？名誰？數也數不清，記也記不了，足以證明菩薩心腸的她是多麼好的不得了！

看似一朵花，永遠鮮豔奪目，有口皆碑的相稱，就是年輕的一輩男女作家，也難以與她媲美，似乎無一點老態顯著，佩服！佩服！佩服地敬恭無至！

往昔於立法委員任內，從未間斷上下班的時間，並忙裡偷閒寫作，無輟於文藝界數十年，耕耘收穫良多。筆者最深刻的印象一篇大作，是在蘆溝橋騎著馬的風采，更顯著神采奕奕，有以巾幗英雄姿態，令人好羨慕！

她一向打扮得整潔樸素，光艷亮麗，絲毫精神抖擻。沒有一點倦怠容貌，有所戰鬥氣魄樣兒，抬頭挺胸，走起路來不遜於年輕小伙子，快捷敏捷，真正的老佛爺像，絕不向歲月低頭。雖然歲月催人老，但是怎麼看也不老相，依舊風采奪人，遙遙領先的風度，好不令人讚佩敬之！

她挺拔迄今，一直樂觀奮鬥，宛如嚴寒冬天的一枝梅，與風雪雨霜塵戰，風韻猶存，的確值得油然敬仰。

最可貴的是兩個女兒、女婿，皆有博士學位，從事教育工作赫赫有名的權威學者，確實頗使老佛爺開心，偶爾赴美外孫、外孫女促膝弄孫，別有一番滋味在心頭記！

樂在心中，美在心裡，就是在臺灣思想起嘛？不妨把皮包的照片拿出來看一看，樂得不得了！

好福氣，好命運的老佛爺，永遠燃燒自己、照亮別人，好事做了多少從不欲人知，菩薩心腸就是菩薩心腸，世間能有誰與其比擬？難了！難了！